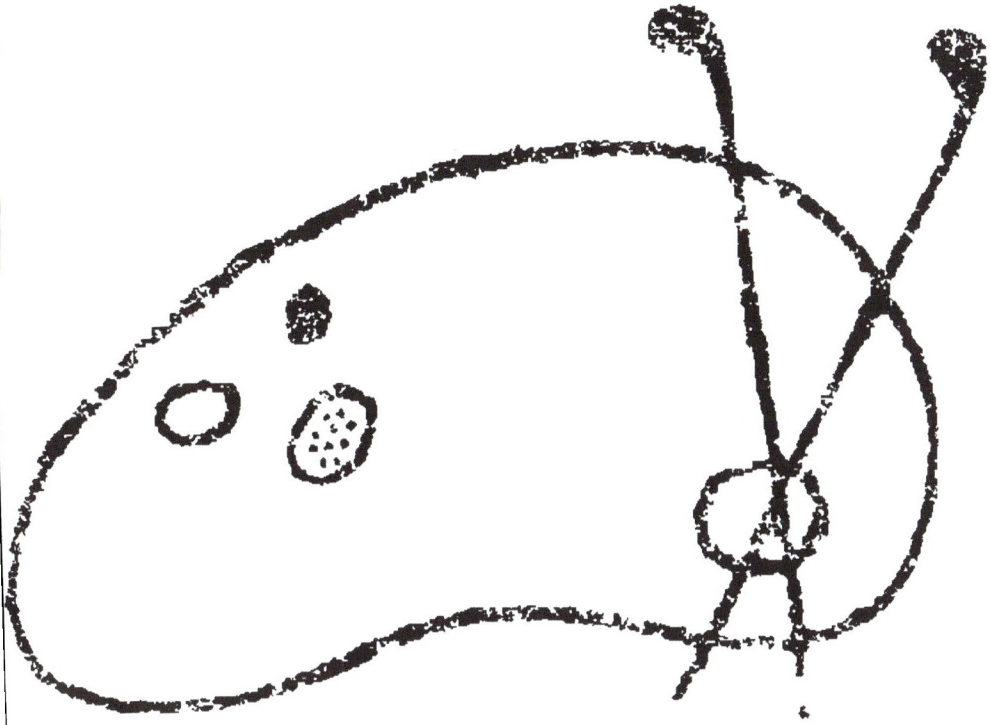

Début d'une série de documents
en couleur

DESCRIPTION DES ANTIQUITÉS

DE LA RÉGENCE DE TUNIS

MONUMENTS ANTÉRIEURS A LA CONQUÊTE ARABE

FASCICULE II

RAPPORT SUR LA MISSION

ACCOMPLIE EN 1885

Par HENRI SALADIN

ARCHITECTE DIPLÔMÉ DU GOUVERNEMENT

> ★

EXTRAIT DES NOUVELLES ARCHIVES DES MISSIONS SCIENTIFIQUES ET LITTÉRAIRES
TOME II.

PARIS

ERNEST LEROUX, ÉDITEUR

28, RUE BONAPARTE, 28

1893

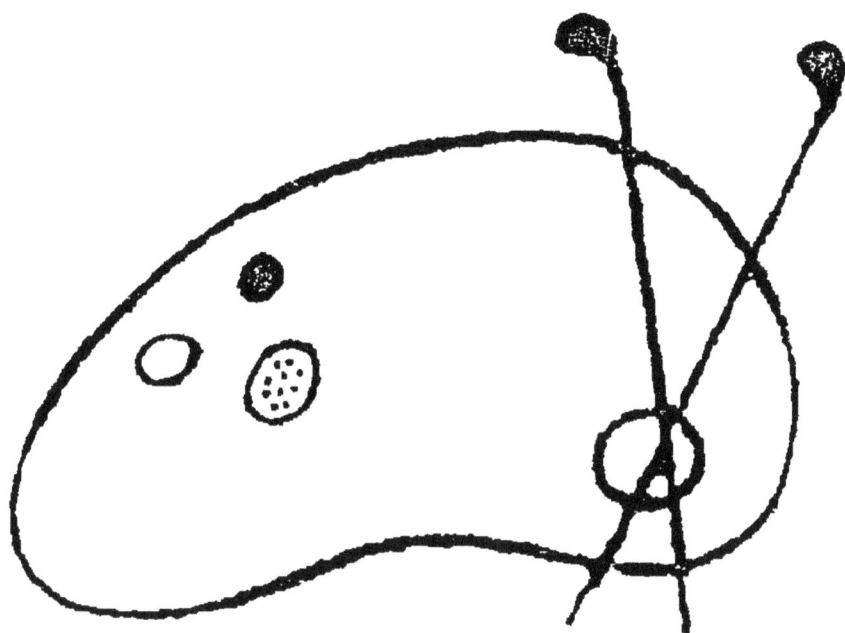

Fin d'une série de documents
en couleur

DESCRIPTION DES ANTIQUITÉS

DE LA RÉGENCE DE TUNIS

MONUMENTS ANTÉRIEURS A LA CONQUÊTE ARABE

ANGERS, IMP. BURDIN ET Cie, RUE GARNIER, 4.

DESCRIPTION DES ANTIQUITÉS

DE LA RÉGENCE DE TUNIS

MONUMENTS ANTÉRIEURS A LA CONQUÊTE ARABE

FASCICULE II

RAPPORT SUR LA MISSION

ACCOMPLIE EN 1885

Par HENRI SALADIN

ARCHITECTE DIPLÔMÉ DU GOUVERNEMENT

EXTRAIT DES NOUVELLES ARCHIVES DES MISSIONS SCIENTIFIQUES ET LITTÉRAIRES
TOME II.

PARIS

ERNEST LEROUX, EDITEUR

28, RUE BONAPARTE, 28

1893

RAPPORT

A M. LE MINISTRE DE L'INSTRUCTION PUBLIQUE

SUR LA

MISSION ACCOMPLIE EN TUNISIE

EN OCTOBRE-NOVEMBRE 1885

Par M. H. SALADIN

Architecte diplômé du Gouvernement.

———

Paris, 1ᵉʳ octobre 1886.

Monsieur le Ministre,

Dans le courant de l'automne de 1885 j'ai été chargé par le Ministère de l'Instruction publique de continuer sur les monuments antiques de la régence de Tunis, l'étude que j'avais commencée en 1882-83 dans le cours d'une exploration archéologique entreprise avec M. R. Cagnat, sous les auspices du même Ministère.

Je viens aujourd'hui présenter à Votre Excellence le compte rendu de mon voyage et l'exposé des résultats auxquels je suis parvenu au point de vue des recherches que j'ai faites.

Veuillez agréer, etc.....

H. SALADIN.

———

CONSIDÉRATIONS GÉNÉRALES

Suivant le programme que je m'étais tracé dans une, ettre adressée à M. le Ministre de l'Instruction publique, je me suis proposé, dans le cours de cette exploration, d'étudier les ruines de :

Nom arabe actuel.	Nom antique.
Chemtou	(*Simittus*);
Hammam-Darredji	(*Bulla Regia*);
Dougga	(*Thugga*);
Teboursouk	(*Thibursicum Bure*);
Aïn-Tunga	(*Thignica*);
Sidi-Abd-er-Rebbou	(*Musti*);
Bordj-Messaoudi	(*Thacia*);
Le Kef	(*Sicca Veneria*).

Dans cette dernière ville je n'aurai qu'à compléter la monographie de Dar-el-Kous et à mentionner les statues antiques qu'on y a récemment découvertes. Je décrirai aussi quelques fragments romains existant à Tunis même, et quelques monuments puniques ou romains découverts à Carthage.

Avant d'aborder par le détail l'examen des monuments antiques sur lesquels je désire attirer l'attention de Votre Excellence, je vais retracer brièvement le résumé des données acquises pendant le cours de ma première mission (avec M. R. Cagnat) en 1882-83.

Nous avons reconnu que les monuments romains les plus remarquables de la Régence ont été généralement construits à l'époque des Antonins et des empereurs dits syriens, par conséquent depuis l'an 96 jusqu'à la mort d'Alexandre Sévère en 235, c'est dire qu'ils présentent les caractères de l'art romain communs à tous les monuments contemporains dans les différentes provinces de l'Empire. Nous avons cependant remarqué, dans le tracé de l'appareil ou dans ses dispositions, une certaine indépendance des traditions romaines. La sculpture est souvent traitée d'une façon très habile; nous avons cité les chapiteaux des temples de Sbeïtla, les soffites des architraves et les corniches de ces temples, les chapiteaux, l'imposte, la corniche et les soffites de l'arc de Septime Sévère à Haïdra, etc.....

Les monuments élevés dans la période suivante, c'est-à-dire de 235 à l'avènement de Constantin (323), nous permettent d'étudier successivement les différentes phases d'une rapide décadence artistique.

L'étude des monuments chrétiens de Haïdra et de Henchir-Goubeul[1] nous a montré une sorte de renaissance artistique amenée par l'établissement officiel du christianisme dans l'empire. Les monuments élevés pendant cette période que nous avons désignée sous le nom de *période latine*, sont remarquables par l'emploi traditionnel des formes de l'architecture classique, joint à un soin extrême dans l'appareil des constructions.

Cette époque, dont nous n'avons pu déterminer qu'un petit nombre de monuments, sera évidemment d'une étude très curieuse si l'on peut faire à propos des fouilles judicieuses et bien conduites.

Un siècle plus tard, ce mouvement de renaissance, dû bien certainement à une grande prospérité matérielle, est brusquement arrêté par l'invasion des Vandales (420). Les monuments des grandes villes sont presque tous détruits de fond en comble. Les conquérants finissent néanmoins par établir une forme de gouvernement à peu près déterminée, au moins dans les villes (les campagnes étant plus ou moins occupées par les nomades, les Maures). Quelques monuments, surtout des églises, s'élèvent pendant cette période; nous avons cité notamment les débris de celle d'Haouch-Khima-mta-Darrouia (*Rapport de 1882-1883*, fig. 244), les églises d'Henchir-ez-Zaâtli, Henchir es-Sdid, Bir-Oum-Ali, etc...; mais la tradition romaine avait été interrompue brusquement par la mort ou le départ des artistes ou des ouvriers romains, aussi les monuments de cette époque nous offrent-ils, avec de nombreuses réminiscences classiques dues à l'influence des monuments encore debout ou des fragments existants, un art d'un caractère tout particulier qui, par certaines interprétations de l'ornementation végétale ou conventionnelle, offre plus d'une analogie avec nos monuments mérovingiens ou romans[2].

Pendant l'occupation byzantine (à partir de la fin de 533) cette école indigène persista très probablement dans les parties les plus reculées de la province d'Afrique, mais les grandes villes de l'intérieur et

---

1. Voy. mon *Rapport sur la mission de 1882-83*, p. 223 (toutes les citations se référant à ce travail seront ainsi formulées : *Rapport de 1882-83*, p., fig.).

2. Crypte de Jouarre. Gailhabaud, *L'architecture du VIIe au XVIIe siecle et les arts qui en dépendent*, vol. III. Comparer aussi le chapiteau mérovingien provenant de l'église Saint-Vincent à Paris (actuellement Saint-Germain-des-Prés) qui est au Musée chrétien du Louvre, avec celui dessiné à Bir-Oum-Ali (*Rapport cité*, fig. 266).

presque toutes les villes de la côte, plus immédiatement soumises à l'influence de Byzance, nous ont conservé quelques édifices de cette époque de nombreux fragments byzantins, et surtout une grande quantité de chapiteaux en marbre blanc, la plupart d'une conservation et d'un travail très remarquables (chapiteau de la grande mosquée d'Okba à Kérouan. *Rapport de* 1882-1883, p. 3o).

Les invasions arabes arrivent enfin et accumulent ruines sur ruines; ce qui a échappé à la rage des Vandales, aux révoltes contemporaines des Donatistes et des Circoncellions. à la dévastation systématique exercée par les Berbères qui ont tout brûlé derrière eux, afin de ne laisser aux Arabes qu'un pays dévasté, tout est définitivement détruit ou bouleversé. Les vents ont apporté sur ces ruines les sables et les terres mobiles, la végétation a commencé son œuvre de destruction lente, souvent accélérée par un tremblement de terre ; peu à peu, à mesure que les décombres s'accumulent, les herbes et les arbustes finissent par recouvrir complètement les emplacements des villes antiques, souvent cachées sous une couche de terre d'au moins 2 mètres d'épaisseur. Dans les villes qui se sont élevées sur les ruines et avec les matériaux des cités antiques, la profondeur est beaucoup plus considérable, puisque au Kef, les fouilles dans lesquelles ont été trouvées les statues dont je parlerai à la fin de ce rapport, ont atteint jusqu'à 6^m,5o de profondeur, et encore le sol trouvé n'est-il que le sol de la ville romaine. Les fouilles de MM. Reinach et Babelon à Carthage (en 1884) ont atteint aussi la profondeur de 6 mètres avant de trouver le sol romain.

Quant aux monuments de l'époque antérieure à la conquête romaine, notre voyage de 1882 1883 nous avait permis de rapporter à cette époque un certain nombre de monuments (*Rapport de* 1882-1883, fig. 343, 341, 345, 346, 348, 349, 361, 366). Lorsque par l'étude des ruines de Dougga, nous serons amené à résumer l'histoire de ce qui est connu sur l'architecture et l'art en pays punique, nous exposerons en détail la théorie que l'on pourrait établir *a priori* d'après la connaissance et l'étude de ces monuments, ainsi que d'après ceux que nous avons découverts en 1885.

TUNIS

Avant de quitter Tunis pour me diriger vers Chemtou qui sera mon premier point d'étude, je dois signaler un monument que je connais-

Fig. 1. — Arcade antique. Dar-el-Bey, à Tunis.]

sais depuis 1882, mais qui n'a, je crois, encore été signalé par personne. Je veux parler de trois arcades romaines d'ordre dorique très simplifié, qui se voient à Tunis dans l'intérieur du Dar-el-Bey (Palais du Bey près de la Casbah) au rez-de-chaussée de cet édifice et qui se trouvent : 1° dans la grande salle d'entrée (fig. 1), à l'ouverture du couloir qui conduit au patio de ce palais; 2° à l'extrémité de ce couloir et à droite près de ce patio ; le premier fragment se compose d'une arcade accostée de deux pilastres A, d'une assez forte saillie surmontés d'un entablement architravé, c'est-à-dire sans frise. L'arc a son imposte composé d'une baguette d'un quart de rond et d'un cavet avec une face en retraite. L'archivolte a la même mouluration un peu molle. Les pilastres ont leurs bases complètement empâtées par le badigeon et leurs chapiteaux se composent d'un tailloir simple avec quart de rond et baguette et d'un astragale formé d'une baguette. L'architrave a deux faces ; la corniche, un très petit larmier peu saillant surmonté d'une doucine. Le tout, d'une proportion assez basse, comme les arcades du Colisée et des amphithéâtres de Nîmes et d'Arles, est complètement enclavé dans la construction arabe et dénaturé par un épais badigeon de chaux. En plan, cette arcade a une forme légèrement évasée du dedans au dehors, et la voûte formée par l'intrados de l'arcade est légèrement conique par conséquent. Les deux autres arcades à l'extrémité du couloir sont semblables et à angle droit l'une sur l'autre. Il nous a été impossible de visiter assez à fond le Dar-el-Bey pour nous assurer de l'existence d'autres parties apparentes de l'édifice antique auquel appartiennent ces trois arcades. Il nous semble, d'après le caractère des moulures et de l'ordre, que nous sommes en présence d'une œuvre romaine de l'Empire et que ces arcades ont dû très probablement appartenir à un théâtre, étant donnée la forme des voûtes qui dérive évidemment de la forme des *cunei*. Comme le Dar-el-Bey est construit sur une des collines qui forment Tunis, l'attribution de ces ruines à un théâtre est tout indiqué. Il est inutile, je pense, de rappeler au lecteur que les théâtres antiques sont toujours adossés à une colline.

Je signalerai encore, à Tunis, en dehors des nombreux chapiteaux et colonnes antiques employés pour soutenir les arcades des rues ou ou consolider les angles des maisons, une porte secondaire de la grande mosquée (*Djama Zitouna*) et un sarcophage antique très simple qui sert de réservoir à une fontaine au bas de l'entrée principale de cette mosquée, dans l'intérieur de laquelle de très nombreuses colonnes antiques ont été employées avec ou sans leurs chapiteaux.

La porte secondaire[1] dont j'ai parlé plus haut s'ouvre sur la rue

1. Comparer avec la porte du trésor de la mosquée d'Okba à Kérouan (*Rapport*, p. 30).

des Tisserands et a été encadrée par un chambranle formé par trois fragments de frises d'ordre corinthien. Ces frises sont décorées d'amples rinceaux d'un fort beau caractère, mais malheureusement mutilés et empâtés dans un épais badigeon de chaux. J'en donne ici un dessin (fig. 2).

Fig. 2. — Rinceau. Porte. Mosquée Zitouna.

Quoique l'entrée de la mosquée Zitouna soit interdite aux Européens, de même que celle de toutes les autres mosquées de Tunis [1], j'ai pu néanmoins, en en faisant une photographie à grande échelle, depuis

1. Cette interdiction est d'autant plus bizarre que l'on entre librement dans toutes les mosquées de Turquie, de Syrie et d'Egypte où les populations sont certainement plus fanatiques qu'à Tunis.

les terrasses du Dar-el-Bey, me faire une idée de la disposition de cet édifice.

L'aspect général de cette mosquée indique qu'elle est construite sur un plan identique aux plans des grandes mosquées de Kérouan, de Mehdia et de Gafsa. Ce plan consiste en un ensemble composé d'une grande cour entourée de portiques, au fond de laquelle se trouve la mosquée proprement dite dont la plus grande dimension est paral-

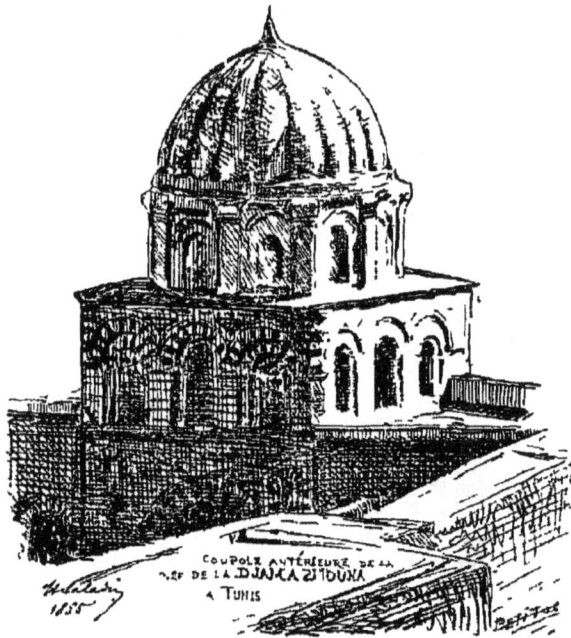

Fig. 3. — Tour antérieure de la nef principale de la grande mosquée de Tunis.

lèle à un des côtés de la cour et lui est égale, la dimension perpendiculaire est près de moitié moindre. Comme à Kérouan, l'axe de l'édifice est marqué par une allée plus large au milieu de la forêt de colonnes en quinconce qui forment la mosquée même.

Cette allée centrale, comme dans la mosquée d'Okba à Kérouan, a son plafond légèrement surélevé. Aux deux extrémités de cette allée s'élèvent deux tours terminées par des coupoles à côtes qui surmontent, la première un tambour octogonal décoré de baies aveugles, la seconde un tambour dodécagonal décoré par douze baies dont huit sont à jour. Celle de ces deux tours qui est au-dessus du *mihrab* est entièrement

crépie à la chaux, l'autre ne l'est qu'en partie et laisse voir distincte-
ment l'appareil de la partie carrée sur laquelle repose le tambour octogonal (fig. 3). Il faudra remarquer tout d'abord la disposition des
assises alternées tantôt claires (pierres jaunes), tantôt foncées (rouges);
les claveaux des arcs ont une disposition alternée semblable, c'est
absolument une tradition byzantine qui se retrouve encore dans ces
tambours à pans et ces coupoles à côtés; tradition byzantine que nous
avons déjà remarquée[1] dans la voûte en demi coupole à côtes creuses
de l'abside de l'église du Kef (*Dar-el-Kous*). J'ai tenu à faire encore
ce rapprochement entre les principaux édifices arabes de la Tunisie
et les églises byzantines, afin d'attirer, sur cette question de ressemblance, l'attention des archéologues qui auront l'occasion de visiter en
détail et méthodiquement les mosquées de la régence; peut être au-
ront-ils la chance de trouver parmi ces monuments une ou plusieurs
églises chrétiennes converties en mosquées aux premiers temps de la
conquête.

En quittant Tunis, notre première étape est :

CHEMTOU (*Simittus*).

Grâce à l'amabilité de M. Moers, comptable de la Compagnie des
marbres de Chemtou, je puis me fixer quelques jours ici et étudier
avec soin les carrières et la ville antique.

Description générale. — La ville de Simittus s'étendait au sud,
au sud-ouest et à l'ouest de la colline dont les belles carrières de
marbre avaient attiré l'attention des Carthaginois bien avant la conquête romaine (nous établirons ce fait plus loin en étudiant les fragments trouvés en N [voir le plan]). Nous avons dressé un plan de ces
carrières et de la ville antique, en suivant de très près le plan dressé
par M. Ph. Caillat, ingénieur du gouvernement, à Tunis. Nous n'en
avons modifié que le rendu et quelques détails. Nous emprunterons,
en les signalant, de nombreux documents sur Chemtou, à un travail
que M. Caillat avait rédigé lors des études qu'il a faites à Chemtou;
qu'il veuille bien recevoir ici tous mes remerciements pour l'obligeance
avec laquelle il m'a communiqué tous ces précieux renseignements.

1. *Rapport de* 1882-83, p. 207.

2

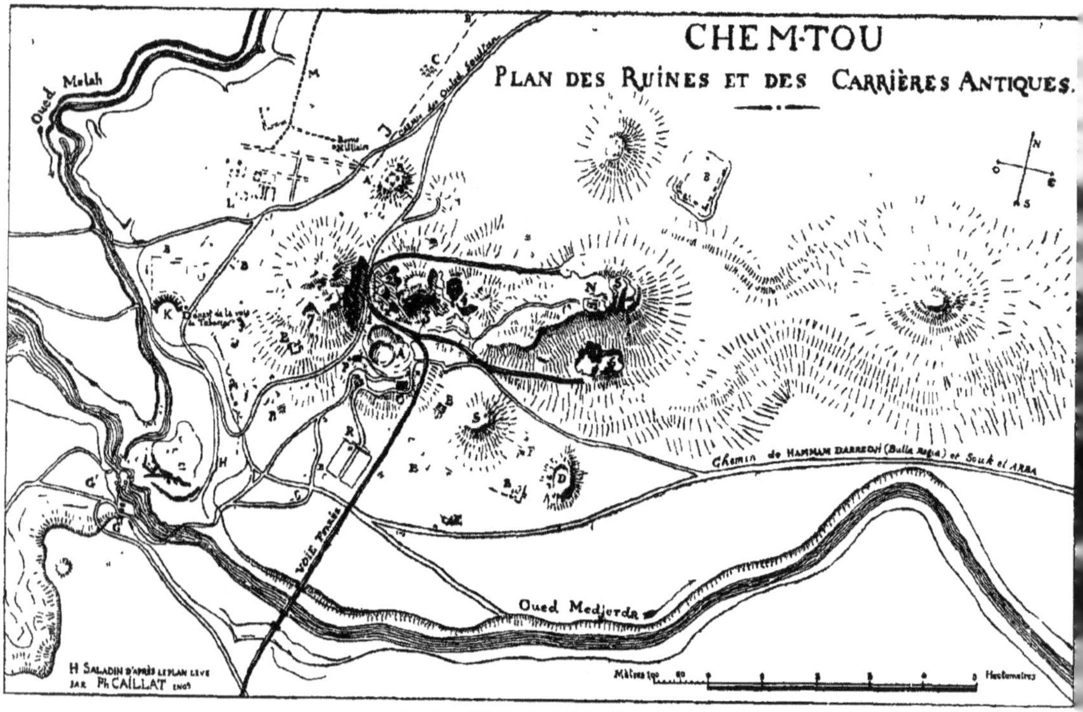

Fig. 4. — Plan général de Chemtou.

La ville romaine s'étend sur les flancs des collines formées par les soulèvements qui constituent les carrières de marbres. Elle contourne ces collines en couvrant les pentes au sud, à l'ouest et au nord ; elle est limitée au sud par la Medjerda dont le cours capricieux a déjà changé plusieurs fois la configuration du terrain (fig. 4).

Au centre de ce plan en 1, 2, 3, 4, 5, 6, s'élèvent les différents sommets des affleurements de marbre. Tous ces affleurements, sauf 5, ont été exploités dans les temps antiques, un chemin de fer dessert actuellement A, 1 et jusqu'à 5. Ces affleurements, exploités par des méthodes très simples, ont été creusés jusqu'à une assez grande profondeur, sur les flancs de la colline, surtout en 2, 3 et 4. Les parties existantes sont à peu près verticales, et suivant la méthode indiquée par M. Cagnat (*Expl. épigraphique et archéologique en Tunisie*, par R. Cagnat, 2e fascicule), les Romains [1] taillaient le bloc sur place et ne le détachaient qu'après lui avoir donné à peu près la forme générale qu'il devait avoir. Comme ce sont surtout des colonnes qu'on tirait de ces carrières, ou était obligé de creuser assez profondément en hauteur et en profondeur derrière et au-dessus du bloc pour ménager la place aux ouvriers, c'est ce qui explique la forme des excavations laissées par ce mode d'exploitation, comme l'indique le dessin ci-joint fig. 4 *bis*.

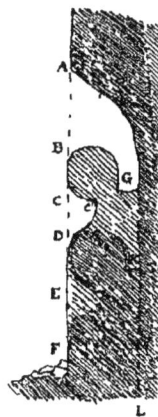

ABG excavation ; BCG colonne dégrossie ; CD excavation inférieure, — la colonne BCG s'enlève en brisant à l'aide de coins et de leviers la partie C'G, on enlève ensuite la partie DGK et on creuse E de façon à dégrossir une deuxième colonne qu'on enlève comme la première ; après ces prélèvements successifs l'excavation définitive prend la forme AGKL, forme dont on rencontre de si nombreux exemples à Chemtou.

Fig. 4 *bis*.
Coupe verticale sur la face de la carrière, suivant la ligne AF.

Nous ne referons pas après M. Cagnat [2] l'histoire de l'exploittion à l'époque romaine, néanmoins nous emprunterons à son travail les indications suivantes :

« La première colonne en marbre numidique dont on ait gardé le souvenir date de l'époque de César.

« Hadrien orne ses villas d'Antium et de Tivoli de colonnes de marbre numidique.

---

1. Le marbre tiré de Chemtou est le *marmor numidicum* ou *lapis numidicus* (Cagnat, *loc. cit.*, p. 102) si estimé des anciens.

2. *Exploration archéologique et épigraphique*, par R. Cagnat. 2e fasc., p. 102 et suiv.

« Les colonnes du gymnase de Smyrne et de celui d'Athènes étaient de marbre numidique, etc..., etc.

« Ce marbre était encore en honneur au vɪᵉ siècle puisque Justinien l'employa pour orner Sainte-Sophie. »

On comprend donc, étant donnée l'importance que les carrières avaient (au point de vue du rapport) pour le domaine impérial (Cagnat, l. c., p. 102, l. 16 à 24) qu'une petite ville se soit formée autour de ces carrières et que son développement ait surtout pris son essor à partir de l'époque des Antonins, qui est par excellence l'époque la plus remarquable de l'histoire romaine au point de vue du grand nombre de monuments construits. Nous y trouverons les divers monuments que nous avons déterminés dans notre premier rapport, temple, théâtre, mausolées, citernes, aqueduc, thermes, amphithéâtre, églises, pont, nécropole.

Temple. — Le temple, détruit probablement à l'époque chrétienne, était situé en N près de la carrière 5; ce temple dont les traces consistent en quelques blocs sur lesquels on a retrouvé des fragments d'inscription (Cagnat, l. cit., nᵒ 187), a été construit à l'époque romaine sur l'emplacement d'un ensemble d'édifices élevés à l'époque punique (à une période relativement récente, car tous les fragments que nous allons décrire portent au plus haut degré le caractère de l'art grec).

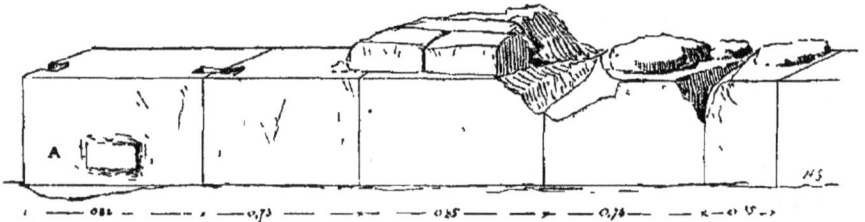

Fɪɢ. 5. — Soubassement d'époque punique.

1ᵒ *Soubassement* (fig. 5). Ce soubassement qui s'élève à une très petite hauteur au-dessus du sol (0ᵐ,50) est situé au sud de l'enceinte N; il se compose, dans la partie vue, de cinq assises de marbre de Chemtou dont l'un porte en A un tenon en saillie (comme les soubassements de certains temples en Sicile). Ces cinq blocs étaient assemblés par des tenons métalliques en queue d'aronde dont le logement est encore intact; c'est une double entaille creusée à 0ᵐ,05 de profondeur. Les joints verticaux et les lits sont d'une telle précision qu'on peut sans aucune hésitation attribuer cette construction à des artisans grecs. Il est très probable en effet que les Carthaginois ne se sont pas contentés d'appeler de Sicile à Carthage des artistes grecs, soit pour graver leurs monnaies, soit pour diriger la construction de leurs édifices (comme prouve le fragment dessiné dans mon *Rapport*, p. 218, fig. 366) mais qu'ils auront employé dans les carrières les prisonniers de race grecque qu'ils firent dans leurs nombreuses guerres contre les habitants de la Sicile.

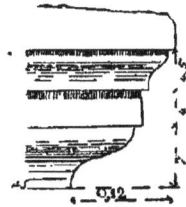

Fig. 6. — Moulure d'époque punique.

2° Fragments de moulures dont je donne un dessin (fig. 6). Ce sont deux talons superposés avec interposition d'un listel assez large. Le sentiment excessivement fin de la mouluration porte au plus haut degré le caractère de l'art grec.

3° Dans le mur nord, mur construit à une basse époque au moyen de fragments de toute espèce; un des blocs qui le forment (précisément au-dessus de l'inscription SAC... mentionnée par M. Cagnat, *loc. cit.*, n° 187) est un fragment d'architrave d'*ordre dorique grec*. Ce fragment (fig. 7, 8, 9) mesure 0^m,47 de large sur 1^m,09 de long. Il porte à sa partie supérieure la baguette rec-

Fig. 7. — Architrave d'ordre dorique grec à Chemtou. Vue des gouttes du triglyphe.

tangulaire qui forme la séparation de la frise et de l'architrave, et la partie inférieure d'un triglyphe avec la face inférieure qui possède encore les quatre gouttes en relief; le scellement en queue d'aronde

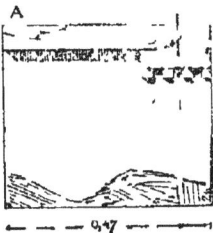

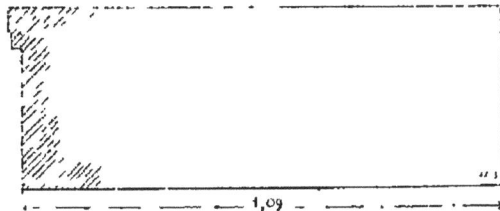

Fig. 8. — Face de l'architrave.

Fig. 9. — Profil de l'architrave.

est visible. Ce fragment est malheureusement le seul que j'aie pu retrouver de cet édifice d'ordre dorique.

4° Dans une ancienne tranchée ouverte au bas de cette face nord, un chapiteau mutilé de style grec (fig. 10, fig. 11, fig. 12).

Ce chapiteau, dont la partie supérieure est détruite et dont la partie inférieure est très mutilée, est un chapiteau de pilier carré engagé par un de ses angles. Il appartenait probablement aux antes d'une porte (analogue aux piliers des portes des maisons de Pompéi).

Au-dessus d'un astragale formé de pirouettes délicatement sculptées, s'épanouit entre deux feuilles d'angle bordées de découpures aiguës [1]

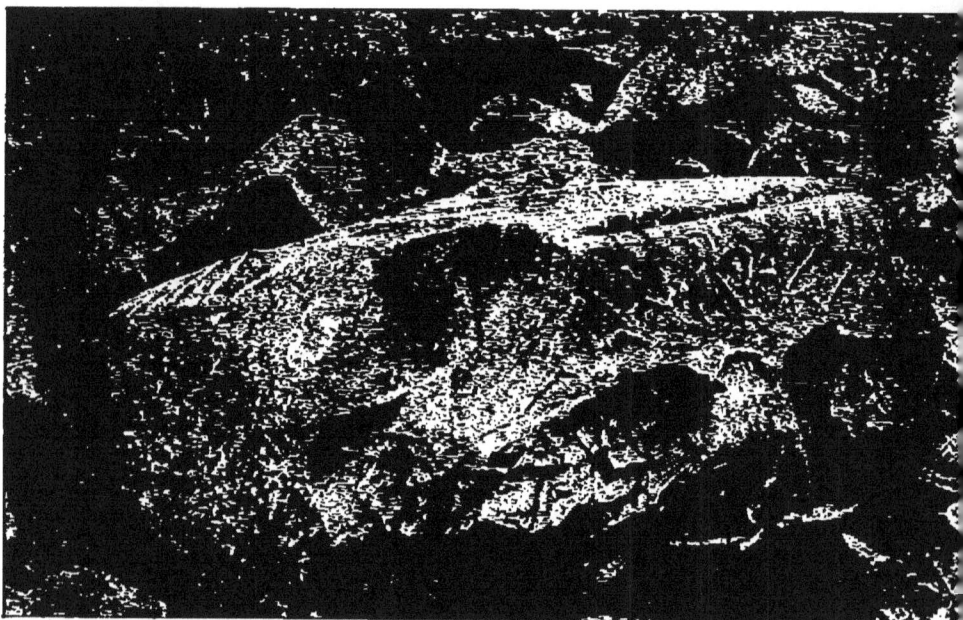

Fig. 10. — Chapiteau d'époque punique à Chemtou, d'après une photographie (il est vu ici renversé, tel qu'il est actuellement dans les débris de carrière).

une feuille aux côtes rapprochées surmontée d'un griffon ailé dont la poitrine féminine existe encore mais dont les pattes sont mutilées et la tête brisée; de chaque côté de ce griffon, sont deux autres feuilles à découpures aiguës (fig. 10, 11, 12). Quoique le style de cette sculpture, autant pour les feuillages que pour la Chimère, soit, à ne pas s'y méprendre, absolument grec, le rapprochement de ce morceau avec ce que je connais d'œuvres semblables d'artistes grecs, ne me permet pas d'attribuer à ce fragment une date très reculée. Je crois pouvoir

1. Comparer ces feuilles découpées à la partie inférieure de l'amortissement du monument choragique de Lysicrate à Athènes et le griffon ailé à ceux du chapiteau des propylées romains d'Éleusis.

la fixer à peu près vers la fin du IVᵉ siècle ou vers le commencement du IIIᵉ avant J.-C.

Fig. 11. — Deuxième face du chapiteau ci-dessus.

Si un jour des recherches peuvent être faites dans cette excavation où ont été précipités les débris des constructions antiques élevées en

Fig. 12. — Plan et élévation restaurée du chapiteau ci-dessus.

N, on y retrouvera très probablement de nombreux fragments de cet édifice de style grec et d'époque punique. Cette excavation se trouve actuellement remplie de débris informes de toute espèce au milieu desquels j'ai eu la chance de remarquer ce chapiteau si intéressant.

4° Sur la partie OSO de la même colline de droite (deux, A et B, au milieu de buissons, et un troisième, C, aussi en 5, trois fragments très frustes d'une frise de 1^m,18 de hauteur (fig. 13), frise représentant des boucliers, l'un A de forme circulaire (*clypeus*, ασπίς), est décoré sur la face d'une sculpture à peine reconnaissable représentant un griffon non ailé marchant vers la gauche. L'autre B représente un autre bouclier semblable sur lequel j'ai cru reconnaître l'indication d'un foudre avec les éclairs à droite et à gauche, en zigzag. La droite

Coupe horizontale des fragments de la frise.

Elévation

Fig. 13. — Fragments de frise d'époque punique.

de ce fragment porte une indication méconnaissable. Le fragment C trouvé en 5 représente un bouclier allongé (*scutum*, θυρεός). Les dimensions de ce bouclier étaient près (Rich, *Dict. des antiquités*) de 1^m,20 sur 0^m,80. Ce sont à peu près les mesures de cette sculpture (1^m,18 sur 0^m,68). Celui qui est sculpté sur le fragment reproduit ici porte l'indication de la bordure et du renfort en métal qui consolidaient cette arme défensive. Le faire un peu sec de cette sculpture nous paraît devoir faire attribuer ces fragments à un ciseau grec et par conséquent à l'époque punique.

Ces attributions à l'époque punique sont certaines à très peu de chose près, par suite de la méthode d'examen que nous suivons, méthode par assimilation et par exclusion; par assimilation, comparaison avec les monuments grecs que nous rappellent certains de leurs détails ; par exclusion, absence des caractères particuliers à l'art romain.

Le temple ou l'édifice gréco-punique détruit pour faire place au temple romain, celui-ci a été détruit à son tour, et on s'est servi des débris de ces deux édifices pour construire une redoute qui occupe toute la partie la plus élevée de la colline.

Dans la partie est de ce plateau supérieur et dans la partie nord-est, et un peu en contre-bas du sol du temple et de la redoute, il reste encore quelques fragments de murs et une assez grande mosaïque de pavage à dessins géométriques. Il y a eu probablement sur cet emplacement une petite construction de plaisance formant une sorte de belvédère. Sur le flanc sud-ouest de la colline N, on remarque de nombreux gradins taillés dans le roc, et dans certaines parties des carrières 2, 3 et 4 des traces de citernes et de constructions voûtées.

Les édifices de Chemtou ne sont pas construits généralement en marbre, ils sont construits de la façon suivante :

Amphithéâtre : Blocs de calcaire bleuâtre, quelques blocs de marbre taillé mais non poli ; le blocage est fait avec des fragments et des déchets de la carrière dont le Djebel-Hadjela (colline au nord-ouest de l'amphithéâtre) est entièrement composé.

Le *pont* est construit en partie de blocs de marbre taillé mais non poli. Les murs de quai de même, le blocage en déchets.

Les deux *basiliques*, en blocage de déchets : la basilique n° 1 a quelques parties en gros blocs, soit de marbre, soit de ce calcaire bleuâtre si répandu dans les environs [1] ; ce sont les angles de l'abside, le ressaut inférieur du sol de l'abside et la porte latérale E.

Le *théâtre* est construit aussi en gros blocs de ce calcaire et quelquefois de marbre brut ; les voûtes sont seules en blocage de déchets, ainsi qu'une partie des gradins.

Les *thermes* sont entièrement construits en blocage de déchets.

L'*aqueduc* est construit en matériaux divers, en blocs de calcaire, en fragments d'édifices et même en tombes empruntées à la nécropole. Il est probable qu'il aura été reconstruit à différentes époques.

Pendant longtemps les ouvriers des carrières seront restés autour de la carrière même en B, B, et le grand réservoir A aura servi à leur fournir l'eau nécessaire à leurs besoins. Ce réservoir recueillait l'eau des collines qui l'entourent et, peut-être une source, perdue aujourd'hui que le réservoir est comblé, alimentait-elle en partie d'eau la petite colonie.

---

1. Nous le retrouverons à *Bordj-Ehelal.*

Ce réservoir A est constitué par un mur circulaire en moellons compris dans une ossature en grands matériaux posés en délit (comme, par exemple à Kasr-el-Ahmar, *Rapport de* 1882-83, p. 57). Ce réservoir mesure près de 50 mètres de diamètre et a été dénaturé et comblé en grande partie. Il est situé au nord-ouest de la maison de la Compagnie de Chemtou et au est-nord-est de la petite église de la Compagnie.

En B, B, B sont des ruines indéterminées consistant généralement en substructions voûtées construites en blocage.

Fig. 14.   Fig. 15.

Tombes romaines à Chemtou[1].

En C est une des nécropoles, la plus considérable comme étendue; les monuments qu'elle contient sont généralement des tombes composées d'une dalle verticale. Sur la face antérieure de cette dalle sont sculptées en bas-relief les représentations des défunts; la niche légèrement défoncée ainsi formée est quelquefois décorée de pilastres ou

1. Voici les deux inscriptions

	D	M	S	
SEXTVS VE			LVCRETIA	
TVRIVSI·VMMVS			PRIMA	
P V·ANNI XXXI			P·V A·XXV	
	H	S	E	

0^m,60 de large.

de demi-colonnes avec fronton. Je donne ici, d'après mes photographies, des dessins de deux de ces tombes (fig. 14 et 15).

La première (fig. 14) qui est encore en place, au nord des thermes,
se compose d'une stèle verticale décorée dans sa partie médiane d'un
bas-relief en saillie sur le fond d'une niche légèrement défoncée ;
cette niche était autrefois surmontée d'un fronton soutenu par deux
pilastres (d'ordre dorique probablement); leurs bases et une partie
des fûts sont visibles ; les bases très détaillées peuvent être rapprochées
de celle qui figure (*Rapport de* 1882-83, p. 209, fig. 361) sur la stèle
punique du Kef. Les personnages qui y sont représentés sont l'un à
gauche, un homme vêtu d'un vêtement [1] assez long relevé sur le bras
gauche et surmonté d'une sorte de pèlerine, la main droite est posée
sur un autel, la gauche soutient une partie du vêtement et porte un
objet indéterminé, le deuxième personnage est une femme vêtue
d'une robe au-dessus de laquelle elle porte un vêtement analogue à
celui de la figure précédente ; de la main droite elle tient un objet
ansé en forme de calice de fleur évasé (comme une fleur de lotus), de
l'autre un objet indéterminé. Époque romaine.

La seconde (fig. 15) qui a été transportée dans le jardin de la maison de la Compagnie est aussi une stèle en pierre. Le personnage
à la mémoire duquel elle a été dédiée est représenté debout au milieu
d'une niche, il est vêtu d'une sorte de chlamyde et porte à la main
gauche un instrument en forme de serpe. Cette figure est d'un
travail très grossier ; la niche est encadrée par deux colonnes engagées soutenant une sorte de fronton composé d'une moulure décorée d'oves en très bas-relief ; au-dessus de ce fronton et au-dessous
de l'inscription [2] qui se lit dans la partie inférieure de ce petit
monument sont représentés gravés au trait quatre vases à large
panse et à col étroit, analogues aux urnes [3], est probablement un
emblème funéraire. Au-dessus du fronton, un oiseau de profil tête
tournée à droite, on peut y voir un coq. D'autres de ces tombes portent seulement une inscription.

---

1. Ce vêtement est la toge, pour l'homme comme pour la femme, et la pèle
rine est la *lacerna* avec ou sans capuchon.

2. Inscription :

P · CLOVENTIVS · P · T ·
QVIRHOSPES DECVRIO
PIVS VIXIT ANN LXX
HIC SITVS EST

3. Vase à col étroit, Rich, *Dict. des ant.*, au mot Urna.

D) *Amphithéâtre.* — Ce monument presque entièrement construit en blocage est complètement enterré. Ce n'est qu'à l'ovale dessiné par le relief qu'il forme sur le sol qu'on reconnaît la destination de cet édifice.

E) *Mausolées.* — Deux mausolées sont près de cet emplacement. Le premier, le plus à l'est, est presque complètement ruiné mais les restes qui subsistent encore au-dessus du sol sont assez significatifs pour indiquer la forme de ce petit monument.

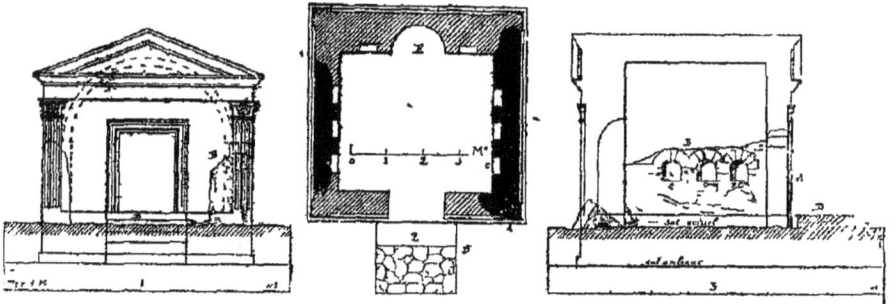

Fig. 16.

1 Face restaurée du mausolée — 2. Plan. — 3 Coupe en long. Essai de restitution

Il formait un carré cantonné de pilastres A aux angles. Ces pilastres sont cannelés. Dans l'intérieur, des *loculi* en forme de niches C sur plan rectangulaire et fermés par un arc appareillé en moellons; un

Fig. 17. — Détail d'un pilastre d'angle de ce mausolée.

massif D placé devant la porte d'entrée soutenait probablement un escalier. Une grande niche E devait très probablement contenir une statue, à moins que cette face ne fût comme l'autre divisée en trois *loculi*. Au niveau B une légère retraite indique la naissance d'une voûte en berceau qui couvrait la salle ainsi formée. Cet édifice est construit en blocage; sauf les arcs des *loculi*, les pilastres cannelés sont faits en enduit. Un stucage général revêtait l'ensemble, et des moulures et ornements y étaient figurés (comme aux mausolées d'Haouch-Tâcha, *Rapport de* 1882-83, p. 41). L'autre mausolée qui est enclavé au milieu de constructions postérieures était assez élevée lorsqu'il était intact, probablement analogue à ceux de Sidi-Aïch ou de Kasrine (*Rapport de* 1882-83, p. 112 et 157). L'étage inférieur existe seul actuellement. Il est construit en grands matériaux, blocs de 0m,50 de haut; en D' on voit encore les moulures du

soubassement. La salle formée par l'étage inférieur est carré, on y
entre par une porte de 0^m,95 de large. La salle inférieure a 2^m,80 de
large sur 2^m,75 de long ; elle était éclairée par trois barbacanes très
étroites. La voûte qui recouvre cet espace est une voûte d'arête en poterie dont les arcs diagonaux avaient été formés de dalles de pierre peu
épaisses ou de grandes tuiles dont la section est très plate[1] et qui ont

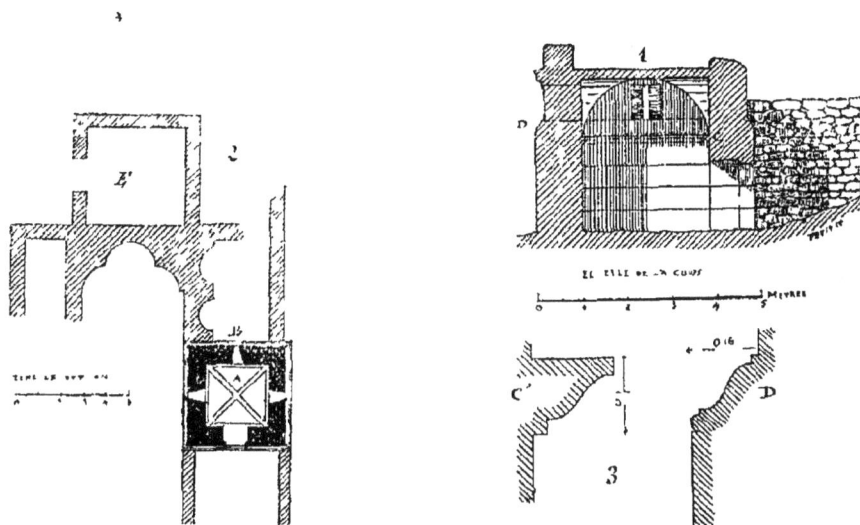

Fig. 18. — Mausolée à Chemtou.

[1] Coupe du mausolée. — 2. Plan du mausolée et des constructions d'époque postérieures qui
l'entourent. — 3. Détails des moulures, D' profil du soubassement extérieur. — C' corniche
qui reçoit les retombées de la voûte.

laissé leur empreinte dans le mortier. La plus grande partie de ces
poteries ou tubes de terre (*Rapport de* 1882-83, p. 35, fig. 44) est
tombée, mais il en reste quelques-unes adhérentes à la voûte, et la
forme de celles qui sont tombées est empreinte aussi dans le mortier
qui les recouvrait et qui est encore en place. Cette voûte repose sur
sur une moulure C (doucine) complètement dénaturée par une altération profonde de la pierre.

1. Voici la méthode suivie pour construire cette voûte : une première croûte
en poterie est maçonnée. Ces deux arcs en grandes tuiles dessinent les arêtes de
la voûte, le blocage est empilé ensuite sur cette sorte de forme, le constructeur
s'attachant seulement à donner plus d'épaisseur aux reins de la voûte qu'il n'en
donne aux clefs. Les tubes de poterie sont disposés en cercles parallèles dont les
plans sont verticaux et perpendiculaires aux axes des deux cylindres générateur de la voûte d'arête.

A une époque postérieure on a élevé autour de ce mausolée des constructions diverses en blocage, en B une salle avec deux niches, en E une salle au premier étage, entre B et C une salle terminée par une abside en forme de trilobe. En E, le pavage de la salle est formé par des briques posées de champ et formant trois à trois des carrés réguliers. Ces briques sont très petites et carrées.

F) *Maisons*. — Dans toute la partie déclive qui s'étend au sud-sud-ouest du Djebel-el-Hadjela et des carrières se trouvent en B de nombreuses ruines de constructions en blocage et voûtées ayant probablement servi autrefois à l'habitation des ouvriers des carrières. Elles offrent généralement l'aspect commun à toutes les constructions que nous avons étudiées à notre premier voyage en 1882-83, à Hadjeb-el-Aïoun, Henchir-Gatrâna, Henchir-Baroud, etc..., ce mode de construction bien particulier au pays s'est d'ailleurs maintenu de nos jours dans les villes et villages de la côte orientale de la régence.

Nous étudierons plus particulièrement une petite salle carrée située en F, et qui a pu servir d'habitation. Elle est construite en petits moellons [1]; la voûte qui la couvre est intacte et l'extrados de cette voûte qui forme comme la toiture de cette petite maison est revêtu d'une chape en ciment de tuileaux. La voûte est une voûte d'arête en blocage recouvert d'un épais mortier de chaux qui a conservé l'empreinte des planches ayant servi à former les couchis de la voûte ; les naissances sont indiquées par des sommiers de 0m,55 de large. Dans les parties où l'enduit de la voûte était tombé, on aperçoit le blocage qui forme la voûte réelle, j'ai été frappé par une particularité d'appareil qui me semble inédite encore (pour les édifices romains du moins) et qui appartient à une conception toute particulière de la voûte d'arête.

On sait que les voûtes d'arête sont formées par deux berceaux (demi-cylindres) de même diamètre se pénétrant à angle droit ; l'appareil qui vient nécessairement s'imposer à l'esprit du constructeur est l'appareil réglé suivant les génératrices du cylindre, c'est-à-dire par assises à joints horizontaux dans le sens de l'axe du cylindre, chacune de ces assises étant appareillée de façon à ce que les lits forment des plans normaux à la surface intérieure du cylindre, ou intrados.

De là, pour les voûtes d'arête, un appareil reconnaissable par sa

---

1. Ce mode de construction en petits moellons dont la dimension moyenne et la forme se rapprochent assez de celles des briques est très particulier à l'Afrique romaine et s'est conservé assez généralement dans la plupart des villes de la régence.

physionomie particulière ; si l'on suit les joints verticaux, on voit les joints se chevauchant fòrmer des anneaux parallèles liaisonnés entre

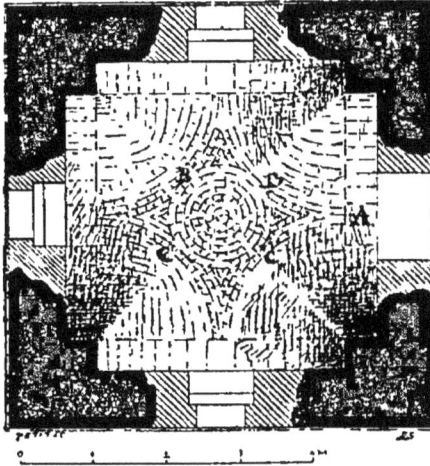

Fig. 19.

A. Coupe de la salle F. — B. Plan de la salle F.

eux ; si l'on suit les joints horizontaux, on voit des lignes parallèles aboutissant aux arêtes de la voûte formées par l'intersection des deux cylindres et y rencontrant les lignes homologues de l'autre berceau.

Dans l'exemple que nous étudions ici, les arcs de tête seuls (ceux qui s'appuient sur les murs et s'y incrustent en quelque sorte) sont appareillés suivant cette méthode. La voûte elle-même qui s'appuie sur ces arcs est conçue dans un tout autre esprit.

Chaque quart de voûte semble former un quart de cône à génératrices curvilignes[3], dont la base aurait pour rayon le rayon de l'arc de tête et qui aurait pour génératrice la partie d'arc formant l'arête de ce côté, c'est-à-dire un quart d'ellipse dont le grand axe serait la diagonale du carré construit sur les dimensions de la voûte en plan, et le

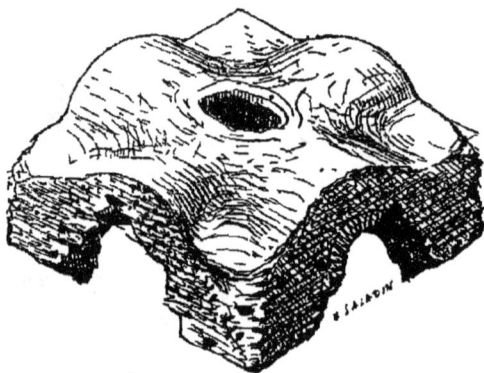

Fig. 20.
Extrados de la voûte de la salle F et partie supérieure des murs.

petit axe le diamètre de l'arc de tête. Ces quatre bases de cônes laissent entre elles une espace à remplir qui peut se décomposer en quatre triangles curvilignes et un cercle. Les triangles curvilignes ABC sont maçonnés grossièrement en blocage de moellons disposés parallèlement aux bases des cônes, et formant des parties presque plates; la partie CBC'B' limitée par une circonférence tangente aux quatre bases de cônes est couverte par une coupole en segment de sphère dont la flèche est excessivement courte; les rangées de moellons sont disposées suivant des cercles concentriques de plus en plus petits.

Néanmoins, malgré ce mode de génération et quoique les moellons dont est formée la voûte soient disposés en tranches parallèles dont la projection horizontale se rapproche d'un quart de cercle, on a brisé ces courbes au droit des arêtes surtout dans la partie inférieure, de

1. Il ne serait pas tout à fait exact de considérer ces cônes comme surface de révolution, la génératrice étant en A un arc d'ellipse, en B un arc de cercle. Ces arcs de tête ont été maçonnés sur une voûte en poterie comme celle précédemment citée.

façon à conserver la forme de la voûte d'arête dans le tiers inférieur du demi berceau. Dans la partie supérieure, au contraire, et près de la coupole très surbaissée en calotte sphérique qui forme le raccord des quatre quarts de voûtes, la disposition circulaire et parallèle des lits est parfaitement visible. Nous sommes donc ici en présence d'une des nombreuses variétés de voûtes qu'engendra chez les Romains la nécessité de remédier aux accidents causés par les poussées. Nous verrons au temple de Dougga comment, de même qu'aux temples A et C de Sbeïtla[1], ils ont su diminer la poussée des arcs en pierre de taille.

M. Choisy, ingénieur en chef des ponts et chaussées, a montré combien de méthodes différentes furent employées à Rome pour varier les structures des voûtes suivant la direction que l'on voulait donner aux poussées et les points qu'on voulait charger ou décharger. Les études que le même savant a publiées sur l'art de bâtir chez les Byzantins nous ont fait suivre l'influence de l'Orient et de l'esprit grec sur les traditions romaines. Nous ne serions pas éloigné de penser avec lui que dans l'antiquité (pas plus qu'au moyen âge, d'ailleurs) on ne s'est strictement tenu dans les limites étroites d'une tradition de construction particulière. Différentes écoles se sont formées, modifiant les traditions romaines ou les types de la métropole pour les accommoder soit aux exigences des matériaux et du climat, soit aux traditions locales; ces écoles se sont, à leur tour, transformées sur place par un travail lent, et quand elles ont eu pour se développer une suite de périodes de prospérité pendant lesquelles on n'épargnait ni le luxe dans les constructions, ni les soins, ni la dépense, elles sont arrivées à des résultats fort différents après être parties d'une origine commune.

On a fait, bien avant nous, la comparaison des édifices byzantins de la Thrace, de la Macédoine et de Constantinople, avec ceux d'une partie de l'Asie Mineure, et surtout du Haourân et de la Syrie centrale: la première école, construisant en brique et aboutissant aux voûtes si ingénieuses et si variées dont nous avons étudié, en 1879, de curieux exemples à Constantinople; la seconde, partant des mêmes origines, appliquant aussi à la voûte romaine les recherches subtiles de l'esprit grec, et arrivant, en employant de grands matériaux et les voûtes d'appareil, à créer des types diamétralement opposés comme formes à ceux de la première école.

Dans notre architecture française, l'influence du climat et des

1. Voy. mon *Rapport de* 1882-83.

matériaux a amené de même une étonnante transformation des mêmes traditions. Toutes nos écoles romanes, qui ont eu évidemment l'art romain comme point de départ commun, ne se sont-elles pas partagées en styles bien distincts? Quelle différence entre le roman d'Auvergne et celui de la Touraine ou de la Bourgogne, entre celui de Provence et celui du Poitou ou de la Normandie! Et ces variétés se produisent en si grand nombre que, partant aussi de la voûte d'arête, les Anglais à la fin du moyen âge (par exemple à Westminster) arrivent à concevoir leurs voûtes comme des voûtes coniques curvilignes tangentes quatre à quatre et raccordées par des coupoles. N'est-ce pas notre voûte de Chemtou et n'est-il pas curieux de rencontrer en Afrique, à l'époque romaine, comme le prototype des voûtes anglaises de la fin du moyen âge?

Si je me suis étendu si longuement sur cette série de considérations c'est pour affirmer qu'il ne faut pas envisager l'étude de l'archéologie monumentale à l'époque romaine comme se composant de la connaissance d'un nombre limité de types qui se répètent dans toutes les provinces de l'empire. Bien au contraire, il faut plutôt comprendre cette étude comme celle de l'histoire naturelle, et, de même que dans la nature, les familles et les espèces se relient entre elles par des analogies sensibles, tout en se modifiant suivant les climats et les circonstances dans lesquelles doivent exister les êtres vivants, de même les types empruntés à l'influence centrale de Rome se modifient de telle ou telle façon, suivant que les provinces fournissent tels ou tels matériaux, suivant le climat et suivant les traditions locales [1].

Ici, en Afrique, la pierre est fort belle; aussi nous avons vu (*Rapport de* 1882-83) à Sbeïtla, à Haïdra, à Kasrine, comme on l'emploie avec art, comme on la sculpte et comme on l'appareille dans les édifices construits avec luxe. La grandeur des blocs extraits permet de faire des colonnes monolithes, et, même dans les colonnes engagées, de grands morceaux en délit raidissent la construction, particularité toute spéciale aux édifices romains d'Afrique (temples et porte du péribole à Sbeïtla.)

Dans les édifices construits avec plus d'économie, la très grande

---

1. M. Dieulafoy, ingénieur en chef des ponts et chaussées, dans ses recherches si intéressantes publiées récemment (*Art antique de la Perse*, 2ᵉ partie, p. 9) a donné une excellente définition de l'architecture *originelle* : « L'architecture primitive de tous les peuples est une fonction directe (c'est-à-dire dépend directement) des conditions particulières d'existence commandées par le milieu dans lequel se développe chaque nation. »

abondance de moellons, de déchets de carrière, de pierres charriées par les rivières, de pierres retirées des champs pour mettre ceux-ci en culture, amène un mode de construction compacte en moellons. Ces petits matériaux qui se trouvent partout dans l'Afrique du nord y ont généralisé de tout temps la construction en blocage, depuis l'époque punique[1] jusqu'à nos jours. Quand on a voulu raidir ces ensembles de blocage, de façon à ne pas être obligé de donner une trop grande épaisseur aux murs, on y a placé, de distance en distance, de grands chaînages verticaux, en pierre, posées alternativement en délit et sur le lit (Kasr-el-Ahmar, *Rapport*, p. 57), nous retrouvons ce mode de construction pendant le cours de ce voyage, à Dougga, à Teboursouk, à Maâtria et à Aïn-Tunga.

Pont de Trajan (pl. I)[2].

Ce pont (G du plan) est presque complètement ruiné. L'aspect sous lequel il est rendu sur la vue que je joins à ce travail, donne une idée exacte de ce qui en reste, vu d'aval en amont. Il présente à droite des ruines confuses les unes sur les autres. A l'extrême droite, le mur d'aval est intact : ce mur tracé suivant une courbe prononcée existe sur une assez grande longueur. A la partie gauche, où il s'interrompt, on remarque à sa base de nombreux débris qui couvrent en partie trois canaux pratiqués dans un massif h, et en g, g', g'', g^{iv} (plan, fig. 22) ce mur de garde et ses débris. En b' ensuite, en allant toujours sur la gauche, un morceau énorme de construction compacte que M. Caillat attribue à la culée de la rive gauche, mais que je crois être un fragment du tablier du pont. Ce fragment mesure de 6ᵐ,80 à 7 mètres de

1. La construction compacte fut toujours employée par les Carthaginois, que ce soit le pisé ou le blocage, car Pline (l. XXXV, c. xiv) parle avec admiration des « MURAILLES MOULÉES » si solides et si résistantes, que les Romains rencontrèrent en Afrique et en Espagne et... Il n'y a donc pas lieu de s'étonner de rencontrer comme à Hadrumète (Sousse) des ruines d'une époque relativement haute, ornées de marbres et de mosaïque et dont les murs étaient faits de pisé. La tradition de l'emploi du pisé s'est conservée en Tunisie, non seulement pendant le moyen âge (p. ex. : murs de la Kasbah à Tunis) mais encore jusqu'à nos jours (nombreuses maisons à Tunis et à Kérouan).

2. Je me suis servi pour la rédaction de ces dessins et de ces notes, non seulement de mes notes et relevés personnels, mais encore de plans et de notes de M. Caillat, ingénieur à Tunis, à l'obligeance duquel je dois un grand nombre de documents sur Chemtou.

large, ce qui correspond, à peu de chose près, à la largeur du tablier, donnée par la largeur de la partie rectangulaire de l'avant-dernière et de la dernière pile de gauche. La partie supérieure de ce tablier est constituée par un sol en blocage compact ; dans l'axe, un mur composé de larges blocs forme un chaînage longitudinal ; de chaque côté

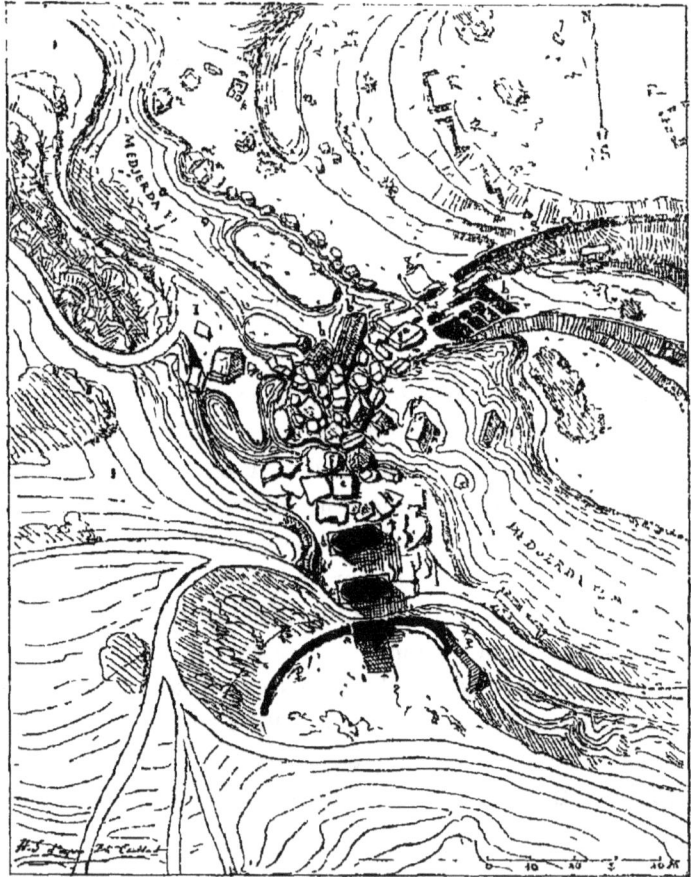

Fig. 21. — Pont de Trajan à Chemtou. Plan de l'état actuel.

s'appuyaient probablement les blocs formant corniche sur lesquels s'élevait la balustrade ou parapet. Sur ce sol de béton il est probable qu'un dallage en matériaux irréguliers existait, formant le tablier même du pont ; il aura glissé en bloc lors de la chute du pont et aura disparu au milieu des débris ainsi que les fragments du parapet.

Sous ce fragment *b'*, on remarque un certain nombre d'inscriptions, bases, tombes, etc., rapportées dans la construction, ce qui indique une restauration à une basse époque [1]. Les assises ont de 0^m,40 à 0^m,43 de haut et sont les unes en pierres de Chemtou, d'autres en

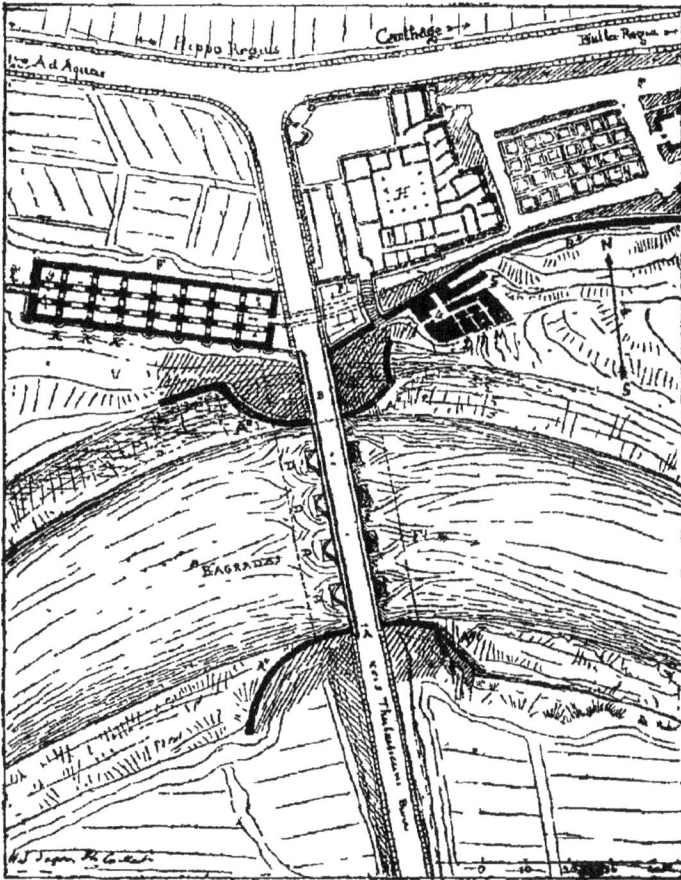

Fig. 22. — Pont de Trajan à Chemtou. Essai de restitution du plan du pont et des abords.

calcaire demi dur légèrement bleuâtre (pierre dont j'ai déjà parlé); les murs du quai, ou murs de garde à droite et à gauche, et les piles

1. Une de ces inscriptions est celle qui dans le *Corpus* porte le n° 14555 et qui date de 145 à 146 de l'ère chrétienne.

du pont sont au contraire en pierre analogue au marbre de Chemtou.

En allant toujours vers la gauche, on rencontre en *f'* (fig. 4) un fragment de la quatrième pile du pont complètement renversée ; en *f* un fragment peu déplacé ; entre *e* et *f* un fragment de la troisième pile tombée dans le lit du fleuve ; en *e* le socle de la troisième pile qui a été détruit (ce socle a légèrement glissé vers l'axe du fleuve) ; en *d* et en *c* les piles encore debout ; en *a* la culée de gauche reposant toute sur un radier R qui consiste en un massif de blocage et de béton de près de 29 mètres de large. Les constructeurs du pont avaient pensé que ce radier très épais et d'une grande surface aurait suffi à maintenir les piles. Le régime irrégulier de la Medjerda, en produisant de nombreux affouillements en amont, a fini par déchausser le massif de terrain sablonneux sur lequel ce radier reposait. Cet affouillement s'est naturellement produit vers A″ (plan restauré), point où aboutissait le courant du fleuve ; le lit ancien du fleuve décrivait à cet endroit une courbe assez prononcée. C'est au sommet de cette courbe que l'affouillement s'est produit [1] : le radier s'est alors brisé sous le poids des piles et son propre poids ; dans la chute du pont tout l'ensemble s'est disloqué et ce radier brisé entre les piles *c* et *d* s'est encore brisé après *d*. M. Caillat a déterminé la hauteur des basses eaux au-dessus des parties de ce radier qui sont encore à leur ancien niveau ; la distance est de 3^m,80 depuis le radier compris entre la culée de gauche et la première pile jusqu'au niveau des eaux du fleuve en plein été. Si ce radier avait été défendu en amont par des blocs de pierre noyés en grand nombre, ou bien par une ligne de pilotis très serrés, il est probable que le pont de Chemtou n'aurait pas été si souvent ébranlé par les eaux du fleuve, et que par conséquent il n'aurait pas été réparé à différentes époques. Nous avons vu en effet qu'il a été remanié à une époque relativement assez récente ; d'un autre côté, l'inscription qui se trouve en I et qui probablement était incrustée soit dans le pont même, soit dans un des quais, indique, antérieurement à ces travaux, une réfection complète de ce pont. Sous le règne de Trajan (*pontem novum a fundamentis..... fecit*), on refit probablement alors les piles de la partie nord du pont ; celles de la partie sud (les deux qui subsistent encore du moins) ont été seulement dérasées à une hauteur de 2 mètres (comprenant quatre assises) au-dessus de la partie rectangulaire formant socle qui pose sur le radier. Jusqu'au niveau AB (fig. 24) la section des

---

1. Ce fait est d'ailleurs bien connu ; en général on sait que les fleuves affouillent leurs rives concaves et alluvionnent sur leur rives convexes.

becs est un demi-cercle; au-dessus c'est une courbe ogivale formée par deux arcs de cercle. Cette partie supérieure est d'un bel appareil, et forme certainement la reconstruction faite à l'époque de Trajan, l'arc qui subsiste encore à la première a vingt-trois voussoirs de $0^m,40$ d'épaisseur en moyenne extradossés parallèlement à partir de 2 mètres au niveau α. Ces arcs reposent sur une moulure d'imposte formée par une doucine et un filet au-dessous. Cette imposte régnait le long et au-dessus du mur de garde en amont et en aval, comme on le voit par un fragment vers P (voy. plan). P marque une réfection de ce mur

Fig. 23. — Deux piles du pont de Chemtou vues en aval.

postérieurement à la reconstruction de Trajan. P' mur de garde en amont.

Malgré la déviation de la pile d il semble, d'après mes mesures, que l'arc cd aurait été plus large que l'arc ac; l'arc du milieu aurait été plus large encore, très probablement, de façon à obtenir une ouverture plus grande au centre, conformément aux traditions antiques (je m'éloigne ici des tracés de M. Caillat qui restitue ce pont avec des arches égales); par conséquent le tablier devait être en dos d'âne, ce qui est aussi conforme aux traditions antiques. En continuant l'inspection de l'état actuel, M. Caillat a remarqué en m, m', n, o (fig. 21) de nombreux fragments à moitié enterrés dans le lit du fleuve et disposés sur la rive gauche : ce sont des fragments de blocage provenant de constructions élevées sur la rive gauche du fleuve et en amont du pont. M. Caillat pense que les fragments *m* appartiennent probablement à un réservoir voûté situé en amont du pont (en F, plan restitué) : « L'un de ces fragments, dit-il, porte un bourrelet en ciment[1] indiquant le pourtour du radier, bourrelet raccordant les enduits du radier avec ceux des pieds-droits... la trace des murs verticaux de ce bassin est parfaitement indiquée autour de ce bourrelet, sur trois côtés ; le mur est encore visible sur le quatrième côté, sur un de ces fragments un contrefort demi cylindrique est indiqué en place ».

n, fragments sur lesquels on retrouve des traces d'enduits et de contreforts demi cylindriques.

o, parties du fleuve, dans lesquelles, sous une faible couche de sable, on retrouve d'énormes blocs de maçonnerie appartenant à cette construction.

En R, des restes de constructions d'époque romaine. Le pont est presque entièrement orienté du sud au nord.

Restitution du pont de Trajan à Chemtou. — Je donne comme estitution un plan général (fig. 22) et une élévation du pont (fig. 24).

Le plan restitué comprend le pont et ses abords. Le pont comprenait cinq arches en plein cintre dont les extrêmes avaient 5^m,95 d'ouverture. Il est probable que, suivant la règle adoptée dans la plupart des ponts antiques[2], le tablier était légèrement en dos d'âne, et les arches progressivement plus larges jusqu'à celle du milieu qui avait le plus grand diamètre. M. Caillat donne dans son travail que j'ai cité plus haut 48^m,65 pour la distance totale entre les culées, je n'ai pu m'assurer de l'exactitude de cette cote, ayant été dans l'impossibilité absolue de déterminer l'emplacement exact de la culée nord. Mais si j'avais cherché à déterminer approximativement cette cote par la cote de la première arche j'aurais obtenu les chiffres ci-joints :

Cinq intervalles de	5,95 =	29,75
Quatre piles de	4,47 =	17,88
Longueur totale		47,63

L'infériorité de ce chiffre sur celui de M. Caillat indique bien que les arches sont inégales, probablement d'une petite quantité.

Le tablier du pont AB portait une voie croisant sur la rive gauche la route de Carthage à Hippone par Bulla Regia ; cette voie, aboutis-

---

1. Nous verrons plus bas par quelle ingénieuse hypothèse M. Caillat rattache ce réservoir aux canaux du massif *h*.

2. Pont d'Auguste à Rimini, par exemple.

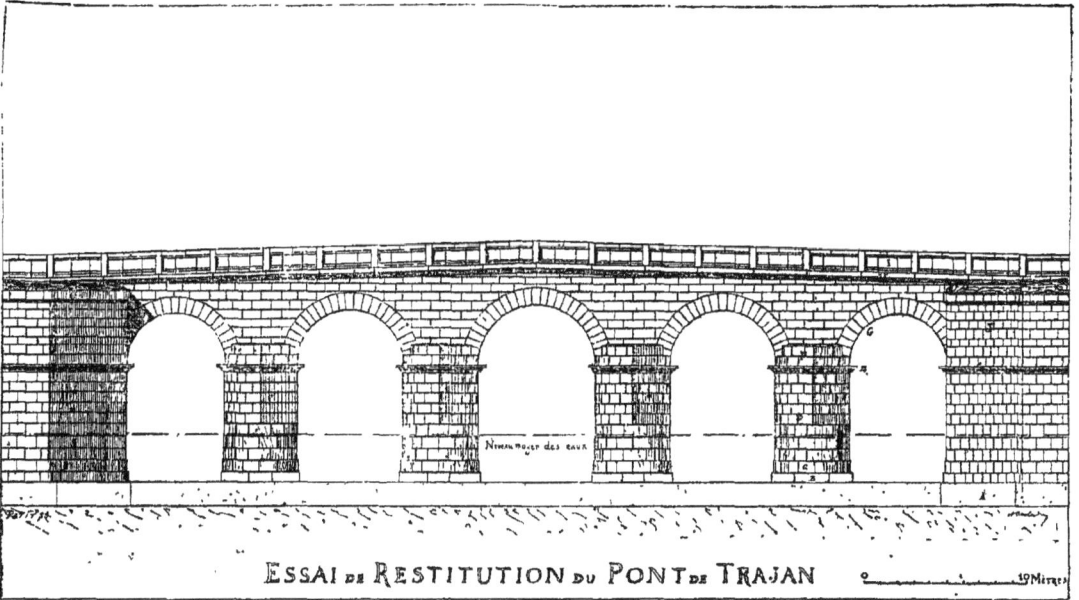

ESSAI DE RESTITUTION DU PONT DE TRAJAN

Fig. 24. — Élévation restituée du pont de Trajan, à Chemtou.

sant au nord à **Thabraca**[1] et venant de **Thibursicum Bure** (Teboursouk),
a été reconnue en divers points et notamment sur l'emplacement de
la ville antique, comme nous le verrons dans l'étude du plan d'ensemble restauré de Simittus, plan dessiné par M. Caillat et dont nous
donnerons une reproduction.

Les piles reposent sur un massif de pierres de taille de forme rectangulaire encastrées en partie dans le massif du radier et mesurant
$11^m,91$ de longueur sur 5 mètres de large. Au-dessus de ce massif
une assise de $0^m,67$ de haut terminée à chacune de ses extrémités
par un demi-cercle reçoit les assises inférieures de la pile. Celles-ci,
au nombre de quatre, présentent une masse terminée à chacune de
ses extrémités par un demi-cylindre et sont légèrement en retrait
sur la première assise. Au-dessus, une seconde partie composée de cinq
assises forme, comme nous l'avons dit plus haut, une pile dont les
avant et arrière-becs sont des prismes droits dont la base est un arc
brisé formé de deux arcs de cercle. Au-dessus de la dernière assise de
cette partie, et à $6^m,10$ au-dessus du massif rectangulaire, se trouve
la naissance des arches. Le massif rectangulaire ou radier sur lequel
sont assises les piles mesure près de 29 mètres de large sur toute la
longueur du pont; c'est une masse de béton dont l'épaisseur, d'après
M. Caillat, est de 2 mètres.

Les piles ont été construites de la façon suivante. L'enveloppe extérieure ou revêtement en pierres de taille a été montée de quelques
assises; on y a pilonné ensuite une masse de béton qui en a formé le
noyau, puis on a monté une nouvelle série d'assises, on a pilonné une
seconde masse de béton dans le vide ainsi formé et ainsi de suite
(v. fig. 23 et 25).

Les piles une fois construites on a posé le cordon D et les parties F
couvrant la partie supérieure des avant-becs et des arrière-becs, puis
on a posé sur ce bandeau deux ou trois premiers rangs de voussoirs en
ayant soin de pilonner à chaque rang posé un lit de béton correspondant à ce rang et d'épaisseur égale. Les queues de ces premiers rangs
de voussoirs sont assez longues et appareillées en tas de charge tandis
que les autres voussoirs sont extradossés parallèlement à la courbe
d'intrados. Cette première partie terminée, une fois que les bétons ont
commencé à faire prise, on a posé sur le bandeau D les cintres en

1. En traversant Simittus, après avoir suivi la voie vers Carthage pendant
250 mètres environ. Cette voie traversait la ville antique en longeant la basilique inférieure, passait à droite (au nord-est) du théâtre et au sud-ouest des
thermes et rejoignait la route de Thabraca en contournant les thermes de
l'ouest à l'est et en aboutissant à la voie des tombeaux, nécropole du nord-ouest.

charpente et on a continué à poser les voussoirs par rangées horizontales, à peu près jusqu'à la hauteur correspondante à l'angle de glis-
sement, en construisant en même temps le massif de béton, assise par
assise ; ceci est encore parfaitement reconnaissable sur le massif de
la pile sud côté amont (fig. 25). Ces massifs de béton doivent donc
diminuer d'épaisseur à mesure qu'on s'élève, c'est ce qui se remarque
en effet. A partir de la hauteur correspondante à l'angle de glisse-
ment, on a bandé les berceaux franchement par anneaux et probable-

Fig. 25. — Pont de Trajan à Chemtou. Première pile vue en amont.

ment en partant d'un arc de tête pour aboutir à l'autre arc de tête,
soit d'amont en aval soit d'aval en amont. Ce qui peut faire supposer
ce fait, c'est que les voussoirs sont moins liaisonnés les uns avec les
autres à partir de cette hauteur ; dans l'arc existant il ne reste même
plus qu'un anneau du berceau demi cylindrique. Les voussoirs étaient
posés à la louve et les trous de louve sont encore visibles surtout en
amont (v. fig. 2 en A). Ce système de montage par anneaux parallèles
quoique liaisonnés ensemble devait avoir pour résultat de charger peu
les cintres (qui ne reposant que sur le bandeau D ne pouvaient pas supporter un très grand poids). On coulait ensuite et on pilonnait le béton
par assises successives B et C pour remplir les reins des voûtes et
former le massif sur lequel la voie devait s'asseoir. Les tympans étaient
montés en même temps en pierres de taille. Enfin la corniche du

pont et le parapet terminaient la construction. Nous n'en avons pas trouvé de traces. La décoration des arcs de tête était probablement formée par l'appareil seul (arcs extradossés, et non en tas de charge comme au pont de Oued-Béja que nous étudierons plus loin). Les restaurations ont été nombreuses sur les tympans et probablement aussi aux arches nord.

Les murs de garde A″ établis sur les deux rives du fleuve (M. Caillat ne suppose ces murs que sur la partie sud, mais l'état de ruine complet de la partie nord ne permet pas d'affirmer la non-existence d'un mur de garde à cet endroit encore plus exposé aux efforts du fleuve que la partie sud) sont en grandes pierres de taille dont les assises correspondent à celles des culées et des piles du pont. En A‴ un mouvement s'étant produit, le mur a été renforcé par un mur épais relié à l'ensemble de la construction, ces murs sont couronnés du bandeau E. « Les canaux G qui se trouvent presque au niveau du fleuve au nord-est de l'extrémité nord du pont, et au bas du mur secondaire B″ offrent une disposition toute particulière, des vannes les subdivisent et on peut y voir une série de cinq écluses dont les eaux faisaient mouvoir des roues à palettes placées dans la partie aval des canaux [1]. » 1 était la vanne de décharge; 2, 3, 4, 5, les vannes et les canaux destinés aux roues motrices. Ces roues ne devaient pas actionner, comme M. Caillat l'a supposé, des machines destinées à débiter, scier ou polir les marbres de Chemtou, jamais les anciens n'ont eu de pareils engins à leur disposition, il vaut mieux y voir des roues motrices agissant sur les meules d'un moulin qui fournissait une partie de la farine nécessaire aux habitants de Chemtou [2]. Les eaux qui alimentaient ce moulin étaient prises dans le fleuve par un canal de dérivation ayant son origine assez loin en amont du pont et aboutissant au réservoir F′. « Ce réservoir dont la partie sud était renforcée par les contreforts K, était formé par une série de voûtes rectangulaires reposant sur des piles de 1 mètre d'épaisseur, reposant sur un massif de fondation de 1ᵐ,40 de profondeur [3]. Chacun des compartiments voûtés et communiquant entre eux avait 5ᵐ,30 de long sur 3 mètres de large; les murs supportant les voûtes avaient 1 mètre d'épaisseur et 2ᵐ,20 de haut; c'est dans l'axe des murs transversaux que sont construits les contreforts demi cylindriques K épaulant le mur sud. Ces contreforts sont

---

1. Tout ce qui est entre guillemets est emprunté au travail déjà cité de M. Caillat.

2. On sait que les anciens connaissaient les moulins à eau. Vit., lib. X, cap. v (vulgo x), *De rotis aquariis et hydraletis*, § 2.

3. Tous ces chiffres d'après M. Caillat.

donc espacés de 6^m,3o d'axe en axe. » M. Caillat ajoute : « Le côté de ce réservoir qui faisait face au fleuve était rehaussé par un mur de o^m,85 d'épaisseur servant soit à soutenir[1] sur une certaine hauteur des terres rapportées sur les voûtes de ce réservoir (si toutefois il était couvert, ce que nous ne pouvons affirmer, n'ayant trouvé aucun débris de voûte), soit, au cas contraire, à servir de parapet au mur d'enceinte de cet ensemble de bassins dont il n'est plus possible, dans l'état actuel des ruines, de préciser le nombre.

« Un petit aqueduc F″ passant sous la voie devait diriger les eaux du réservoir contre les vannes des écluses G, dont les largeurs sont de o^m,90, les hauteurs 1^m,5o ; le canal 1, fortement incliné, avait 1^m,2o de largeur à l'extrémité.: c'était probablement la largeur de l'aqueduc F′.

« Le mur de garde B′ construit sur la rive gauche, en aval du pont, avait à sa partie supérieure 1^m,6o de large et sur son socle 3^m,1o ; le massif de fondation sur lequel il était établi et qui était au même niveau que celui construit dans le fleuve avait 3^m,5o de largeur et 1^m,3o d'épaisseur ; la hauteur de ce mur était dans la partie la plus forte de 9^m,2o. »

M. Caillat donne pour cause de la ruine du pont une raison différente de celle que nous avons donnée plus haut, et quoique celle-ci nous paraisse bien suffisante (la puissance extraordinaire des affouillements en plein fleuve nous a été prouvée dans ces temps derniers temps à Paris même, au pont Neuf et au pont des Invalides, par exemple), nous citerons l'opinion de M. Caillat, opinion qui se rapporte d'ailleurs à l'hypothèse ingénieuse par laquelle il explique si clairement la destination de ces vannes *h*.

« Le fossé d'amenée des eaux, alimentant le réservoir, a été certainement la cause de la destruction de ce monument (le pont sur le Bagradas). Par une forte crue les eaux du fleuve ont dû suivre la direction de ce fossé et en faire, après avoir raviné ses berges[2], un bras important de ce fleuve, bras qui est devenu plus tard le lit même du fleuve ; la masse des eaux ainsi dirigée dans ce nouveau lit est venue se heurter contre la paroi extérieure, la plus étroite (transversale) du réservoir. Devant cette résistance les eaux ont nécessairement tourné autour des murs de ce réservoir, enlevé les terres qui

---

1. Je croirais plutôt que ce mur servait de parapet au réservoir, comme dans les réservoirs que j'ai dessinés en 1883 à Henchir-Garràt. *Rapport de* 1882-83, p. 110.

2. Ce ravinement a pu être produit seulement par l'effort constant du courant qui forme un coude si prononcé en ce point.

l'enserraient puis ensuite elles ont dû fouiller sous les fondations des murs, sous les radiers des bassins de ce réservoir, ce qui en a forcément occasionné la dislocation, la rupture et ensuite la chute.

« Les débris de ce réservoir amoncelés [1] dans le lit du fleuve, en amont du pont et près de la culée nord, ont fait barrage aux eaux qui passant sur les ruines se sont écoulées en formant une succession de cascades. L'eau tombant en cascades donne toujours lieu à un remous qui a pour conséquence forcée l'affouillement du lit du fleuve. Or, ces affouillements qui se formaient en amont du radier du pont, vers la rive gauche, ont eu pour résultat fatal, une fois parvenus au-dessous du radier du pont, d'en occasionner la rupture et par suite la chute de la quatrième pile et de la culée gauche du pont. Chaque crue d'eau occasionnant de nouveaux affouillements a donné lieu d'abord à des déplacements dans les blocs tombés, et ensuite amené de nouveaux effondrements dans les parties laissées debout. »

En indiquant sur le plan restitué le contour du pont et du réservoir, le tracé des voies antiques, j'ai figuré, en m'aidant de certaines parties de murs antiques, une restitution probable des alentours du pont, c'est-à-dire vers l'ouest et l'est, au sud, des champs, vers l'ouest au nord des jardins, et vers l'est au nord, se raccordant avec les murs encore en place une hôtellerie (en H), analogue aux khans ou fondouks dont l'usage s'est continué dans les pays arabes depuis l'antiquité jusqu'à nos jours, cette hôtellerie formant, avec le moulin, les jardins et dépendances un ensemble pittoresque intéressant.

I, *Basilique ou église n° 1.*

Nous avons remarqué en H des murs de quai et les restes d'un pont qui franchissait le cours d'eau appelé aujourd'hui Oued-Melah auprès de son confluent avec le Bagradas (aujourd'hui Medjerda) avant que par suite des crues continuelles le nouveau lit de la Medjerda n'ait eu détruit la rive gauche de l'Oued-Melah jusqu'à 200 mètres à peu près au sud du théâtre ; puis en continuant à cheminer vers le nord-ouest nous apercevons les ruines d'une grande construction en blocage, une abside s'élève encore avec sa demi-coupole.

1. Il me semble que ces débris amoncelés en amont de cette culée auraient dû bien plutôt la défendre contre les affouillements ; pour moi la chute du pont a précédé celle de la berge qui portait le réservoir F.

Les parties debout sont la petite porte latérale A, l'abside C, le mur B, la salle voûtée D (dont les voûtes sont tombées) et le massif E (fig. 26).

Le plan dessine une nef longue de 27m,35 terminée, à une de ses extrémités, par une abside C encore debout, et, probablement en C', par une [1] autre abside peut-être précédée d'un *narthex* ou vestibule. L'abside C est bâtie, comme le reste de la construction, en blocage de petits moellons. Ces moellons sont assez réguliers sur la face formant parement extérieur ; l'arc de tête, les arètes extérieures et intérieures de la construction sont en pierre de taille, ainsi que le bandeau qui

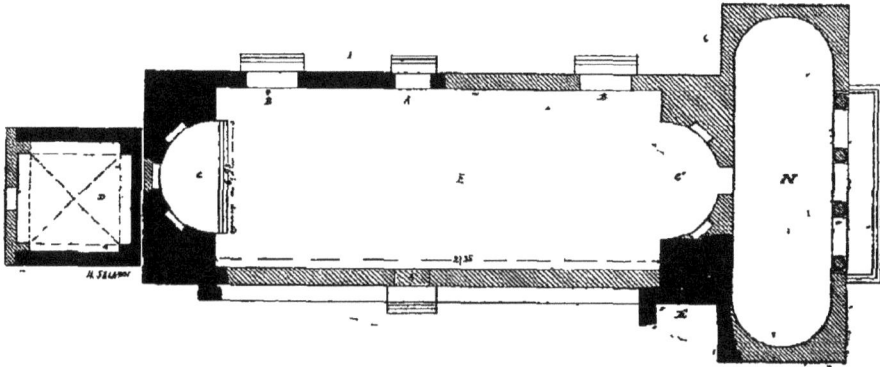

Fig. 26. — Plan de la basilique ou église n° 1.

formait probablement corniche inférieure légèrement en saillie sur les faces latérales et qui règne avec la naissance de l'arc de l'abside (elle est en réalité à 0m,50 au-dessous de cette naissance). L'intérieur était revêtu d'un enduit; les niches, dont on retrouve les traces rectangulaires en plan, étaient fermées en élévation par une arcade demi circulaire : elles ont peut-être été couvertes en niches rectangugulaires à une époque postérieure car la niche de gauche a sa partie supérieure (le tympan de l'arcade) oblitérée par une maçonnerie de blocage. La voûte est construite aussi en blocage[2] et fait un seul massif avec la partie rectangulaire qui forme l'abside en plan, sauf dans la partie supérieure de la voûte, qui est relativement assez mince.

---

1. Double abside comme à la basilique de Reparatus à Orléansville.
2. Elle est revêtue intérieurement d'un enduit de chaux. De même, dans la basilique n° 2, sur l'enduit de laquelle se voient des trous régulièrement espacés destinés à fixer peut-être des crampons servant à retenir des moulures ou des ornements, fig. 32.

Extérieurement les parois ont perdu leur enduit qui était très léger (comme on le voit sur la face nord-nord-est). Les trous laissés par les boulins qui ont servi à échafauder la construction sont très visibles sur la face sud-sud-ouest.

Fig. 27. — Basilique n° 1, face sud-sud-ouest.

On voit par l'inspection seule du plan que les parties voûtées sont les deux absides opposées et que le reste n'a pu être couvert qu'en charpente. La charpente était probablement supportée par des consoles ornées comme celle que nous avons dessinées en 1882-83 à Henchir-Goubeul, Kasr-er-Ribat à Souse, et à Medinet-el-Khédime (*Rapport de 1882-83*, fig. 213, 251, 256).

Fig. 28. — Basilique n° 1, face nord-nord-est.

Cette église à abside double peut être rapprochée de celle que le commandant Pédoya a déblayée à Medinet-el-Khédime (Fériana), (*Bulletin archéol. du Comité*, 1885, n° 1, p. 137). Elle a, comme celle-ci, double abside et des entrées latérales; à Fériana l'ensemble découvert est très intéressant et présente une église avec l'atrium, la nef et le chœur (dont la clôture est très nettement dessinée)[1]. Il est re-

1. Eglises à entrées latérales à Baquouza (Syrie centrale, à Kalb-Louzch, a Kalat-es-Semàn, grande église). De Vogüé et Duthoit, *Les Monum. de la Syrie centrale et du Haourân*.

grettable que nous n'ayons pas passé à Fériana au moment où ces fouilles ont été faites ; les dessins publiés ne sont malheureusement ni assez nombreux ni assez détaillés pour qu'on puisse tirer parti de la découverte de cet intéressant monument. On n'y a trouvé qu'une entrée latérale. A Chemtou il y en avait probablement [1] trois sur la face nord-nord-est, seule la porte A subsiste. C'est un arc en plein cintre de 2ᵐ,10 de diamètre. Cet arc a neuf voussoirs appareillés en tas de charge. Au-dessous de la naissance quatre entailles peu profondes (deux de chaque côté) servaient à supporter le cintre (fig. 29), au moment de la pose.

Fig. 29. — Petite porte A de la basilique nº 1.

La voie de Simittus à Thabraca dont nous avons parlé plus haut passait au sud-sud-ouest de cette église.

La coupe de l'état actuel, avec indication de la restitution probable de la toiture et des parties disparues indique, par la profondeur des fouilles faites dans l'abside, la hauteur des débris accumulés dans cette église.

J, *Basilique ou église nº 2.*

Cet édifice dont l'abside seule est encore debout ainsi que quelques affleurements de murs et massifs était construit entièrement en blocage. Il est situé au nord de la basilique que nous venons de décrire.

---

1. Des fouilles seules pourraient en prouver l'existence, elles permettraient aussi de s'assurer de la nature du pavage de l'église.

L'église, comme le plan de l'abside l'indique, avait trois nefs, ou plutôt une nef et deux bas-côtés; la nef correspondait à la grande abside, les bas-côtés aux niches latérales. Cette disposition offre la plus grande analogie avec celle de l'église n° 6 de Sbeïtla (*Rapport de* 1882-

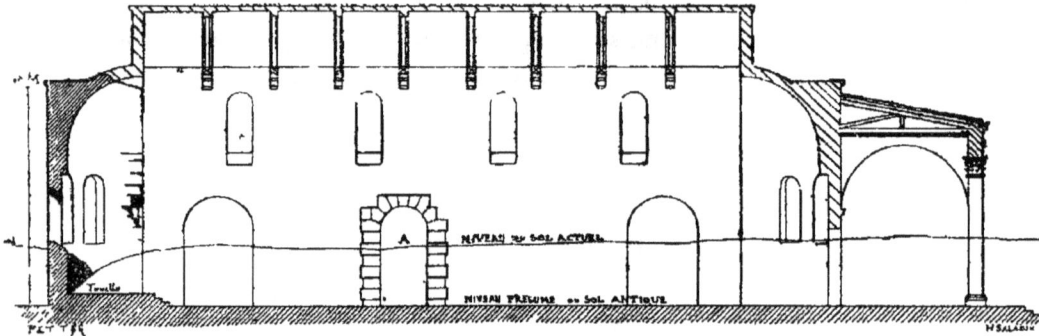

Fig. 3o. — Basilique n° 1. Coupe de l'état actuel avec essai de restitution des parties disparues.

83, fig. 157), sauf que l'abside principale, au lieu d'être comme à Sbeïtla ornée de trois niches demi circulaires et de deux fenêtres, ne porte que trois niches sur plan rectangulaire et de forme plein cintre en élévation ainsi que les niches N' et N'' qui sont demi circulaires en plan. A 50 mètres environ à l'est et un peu au-dessus de cet édifice, en remontant vers les carrières, j'ai retrouvé un fragment de corbeau ou console d'époque chrétienne (fig. 31) appartenant probablement à cette église.

Fig. 3i. — Console d'époque chrétienne trouvée près de la basilique n° 2. Face et profil.

En voici la description (hauteur 0m,4o; largeur 0m,5o) (fig. 28) : Cette console porte sur ses faces latérales (au moins sur celle qui garde sa décoration) une grappe de raisin et une feuille de vigne; elle est décorée sur sa partie inférieure d'une feuille d'acanthe largement modelée dont il ne reste que le bas. Cette console était engagée dans le mur par une queue assez longue dont la face externe latérale droite porte

dans un cartouche carré légèrement défoncé un chrisme entouré d'une
couronne et accosté de l'ɑ et de l'ω[1]. Cette console était probablement

Fig. 32 — Abside de la basilique n° 2.

destiné à supporter la charpente de la nef principale, c'est du moins
ce que j'ai supposé dans ma restitution.

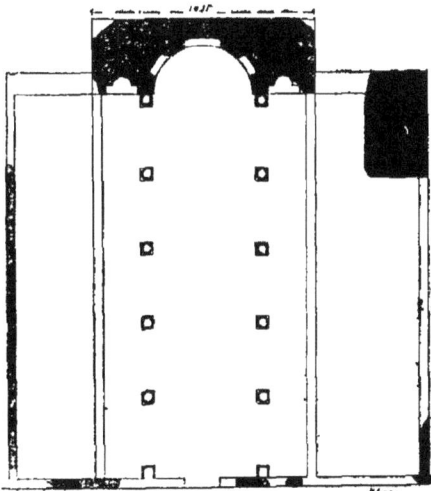

Fig. 33. — Plan de la basilique n° 2.

La nef principale prenait jour au-dessus des demi-combles latéraux

1. *Rapport de* 1882-83, fig. 243, 246, 251, 256, 350.

Un long mur qui se trouve presque dans le prolongement du mur
nord-nord-est de la basilique I n° 1 et qui, près de l'abside de cette
dernière, se recourbe en demi-cercle, indique peut-être l'emplacement
d'une sorte de forum ; dans le prolongement de cette ligne et un peu
vers le sud-ouest de ce prolongement et près du théâtre, a été trouvée
en A ⁴ la borne milliaire n° 1 de la voie de Simittus à Thabraca.

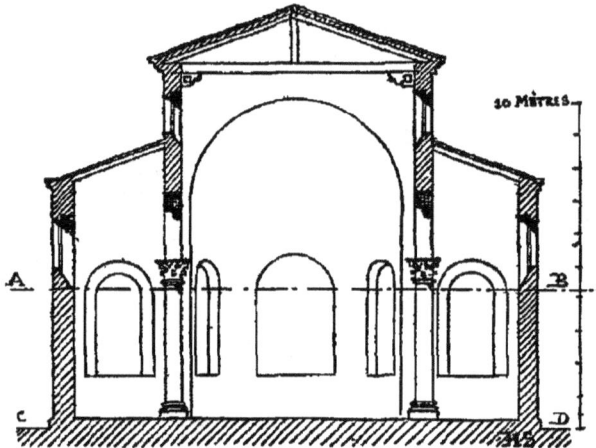

Fig. 34. — Essai de restitution de cette basilique (coupe).

K. *Théâtre.*

Le théâtre situé sur la rive gauche de l'Oued-Melah est orienté de la
façon suivante : la ligne de la scène va de l'est-nord-est à l'ouest-sud-
ouest (240°, le zéro partant du nord magnétique) ; l'axe du théâtre est
nord-nord-ouest (330° c'est à-dire presque orienté au nord vrai). Il
est enterré jusqu'à la hauteur du premier étage, mais d'après ce qu'on
en voit sur la droite (contre la berge de l'Oued-Melah), le rez-de-chaussée n'a jamais été dégagé que partiellement. Le théâtre proprement
dit existe en entier du côté des gradins, la scène a complètement
disparu. Nous avons restitué celle-ci d'après les dimensions du plan,
en simplifiant les données des théâtres antiques les plus connus. Les
murs des *cunei* sont construits en pierre de taille, ainsi que les arcs

1. Voy. plan restitué de Simittus, fig. 43.

de tête (disparus en partie), les murs, des précinctions et le mur extérieur. Seules les voûtes et les parties des gradins qu'elles suppor-tent sont en blocage; ce blocage a été pilonné sur des couchis en plan-ches. Les gradins sont faits en pierre au droit des murs formant les *cunei*, par le prolongement des assises de ces murs. Ces assises ont généralement 0^m,52 de haut, c'est-à-dire, à peu de chose près, la cou-

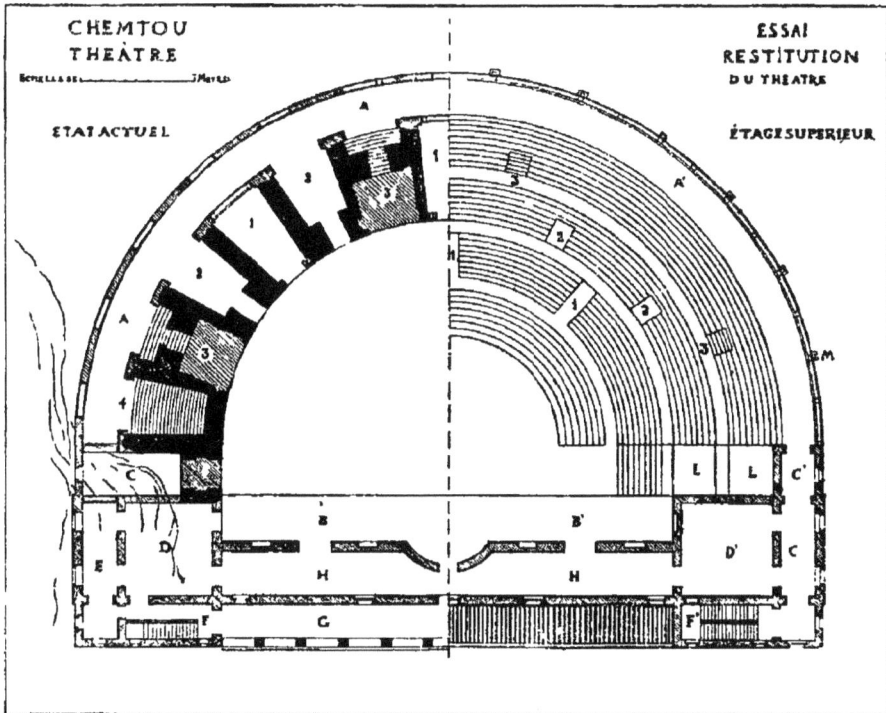

Fig. 35. — Plan du théâtre de Chemtou.

dée égyptienne ou le pied philétérien. La section verticale des voûtes des vomitoires soutenant les gradins des *cunei* est un demi-cercle, c'est dire que les surfaces des voûtes ne sont pas de révolution. Leur détermination a été faite d'une façon très simple : l'ouverture des *cunei* à la première précinction formant le côté intérieur de la galerie A contournant le théâtre, a donné le diamètre de l'arc de tête supérieur on a eu le diamètre de l'arc inférieur par la largeur des *cunei* à la pré-cinction à laquelle s'arrêtait la voûte, c'est-à-dire à des longueurs va-riables suivant les coupes ci-jointes. Les sections intermédiaires étaient

obtenues par l'écartement des *cunei*. Les cintres posés étaient recouverts de planches jointives sur lesquelles on coulait et on pilonnait le
blocage.

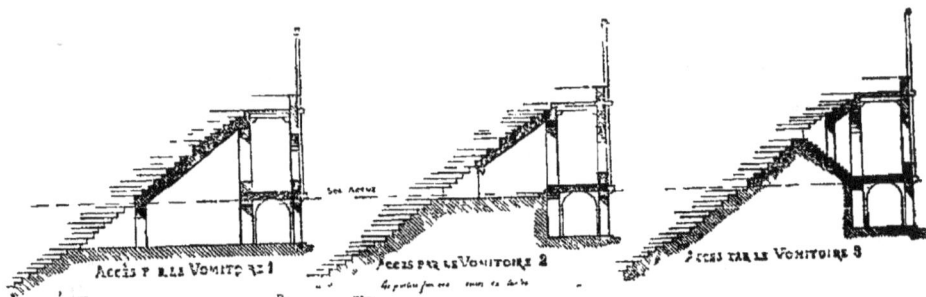

Fig. 36. — Théâtre de Chemtou. Coupes sur les vomitoires 1, 2 et 3.

Sur le plan que nous donnons ici[1] le côté gauche représente le plan
du rez-de-chaussée (au niveau actuel), c'est-à-dire le premier étage du

Fig. 37. — Théâtre de Chemtou. Vomitoire 3, état actuel.

théâtre s'il était déblayé; le côté droit le plan de l'étage supérieur;

1. Nous ne donnons que la moitié du plan, l'autre étant symétrique, l'échelle
en haut et à gauche de la figure représente 10 mètres.

les parties pochées sont les parties existantes ; celles en hachures claires, les parties restituées.

1, 2, 3 sont les différents accès aux gradins, à des niveaux différents — 1 accède au rez-de-chaussée (étage inférieur), A est la circulation de l'étage médian, à laquelle on accède par un escalier en (4);

Fig. 38. — Théâtre de Chemtou. Vomitoire 2, état actuel.

de cette circulation on par parvient 2, 2 de plain pied à la précinction correspondante.

Les *cunei* 3, 3 par un escalier sur le milieu de la longueur duquel s'ouvre une porte de 1^m,52 de large, viennent à la troisième précinc-

Fig. 39. — Vue générale du théâtre de Chemtou. Intérieur, état actuel.

tion qui donne accès aux gradins supérieurs auxquels on peut aussi accéder par la galerie supérieure A' à laquelle on arrivait encore par les escaliers FF' et les accès C'C'.

BB' est la scène, C l'accès de l'étage inférieur. E sont les accès inférieurs à D,F,G et H, D et D' des pièces pour les artistes ainsi que

HH (*postscenium*), G un portique postérieur servant de promenoir et d'entrée aux artistes; LL formaient des loges pour les personnages les plus considérables de Simittus. En M j'ai restitué les parties qui fixaient les mâts auxquels était pendu le *velarium*.

Les coupes sur les *cunei* représentent la disposition des escaliers donnant accès aux précinctions; le portique extérieur était voûté dans l'étage inférieur, on en voit encore sur la partie sud-ouest les voûtes à moitié effondrées. Il est probable que l'étage supérieur était simplement

Fig. 40. — Vue latérale du théâtre de Chemtou. Etat actuel.

recouvert d'une terrasse reposant sur un plancher dont les solives étaient encastrées d'une part dans le mur même du théâtre et de l'autre sur la face extérieure formée soit par des arcades soit par un portique à colonnes. Je n'ai pas supposé de voûtes à cet étage, n'ayant rien trouvé dans les parties existantes qui m'autorise à faire cette hypothèse. Ce mur extérieur, dès que les planchers ont été détruits, se sera disloqué par les poussées des baies. Peut-être aussi cet étage était-il complètement construit en bois ainsi que la scène. Ce qui donnerait beaucoup de probabilité à cette supposition, c'est que rien ne subsiste de ce mur ni de la scène pas même des pans de maçonnerie renversés. Je donne ici les vues extérieures et intérieures du théâtre d'après mes photographies, ainsi que la vue intérieure et perspective des accès 2, 3, les coupes sur ces *cunei* et le plan général.

L, *Thermes.*

Cet édifice est disposé de part et d'autre d'un passage central : à

Fig. 41. — Vue générale des thermes de Chemtou.

gauche, trois grandes salles dont l'une *c* a 6^m,4o sur 11 mètres avec une abside en cul-de-four à l'ouest; à droite de ce passage voûté en

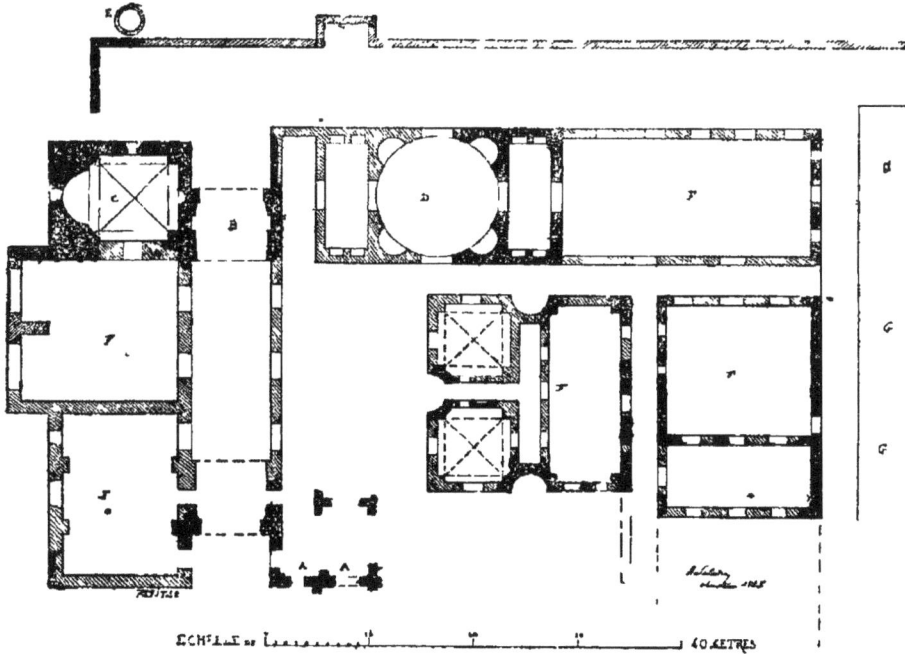

Fig. 42. — Plan général des thermes de Chemtou.

A. Voûtes en berceau en poteries. — B. Voûtes en berceau avec extrados non concentrique à l'intrados. — C. Salle voûtée en voûte d'arête avec cul-de-four. — D. Salle circulaire avec niches. — E. Puits. — F. Constructions adjacentes. — G. Constructions voisines.

berceau large de 6^m,6o, sont plusieurs salles ruinées presque complètement et dont une, qui est ronde et décorée de niches demi circulaires, a été probablement le *laconicum* des thermes. Un puits E, de 2 mètres de diamètre, au nord des thermes, est construit en blocage au milieu duquel de grandes chaînes en pierres posées verticalement en délit renforcent la construction, comme dans les nombreux exemples que nous avons déjà cités dans un travail précédent. En beaucoup de points les angles de la construction sont en grand appareil. Les voûtes sont construites en blocage et celle du passage milieu B est intéressante

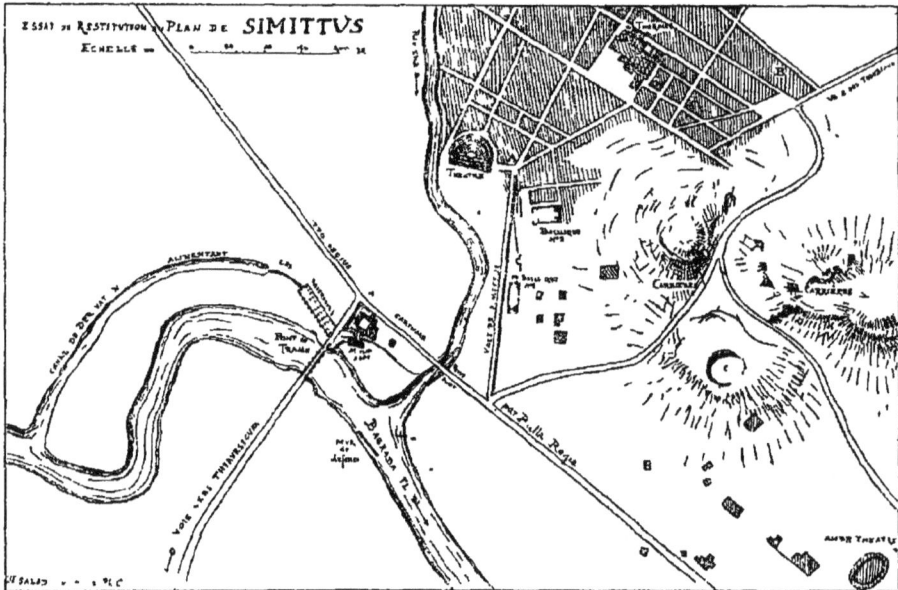

Fig. 43. — Essai de restitution du plan général de Chemtou.

en ce que son épaisseur à la clef est très faible ($0^m,3o$). Il est regrettable que les murs n'aient généralement pas été liaisonnés suffisamment les uns avec les autres, aussi les moindres tassements s'accusent-ils par des décollements sur toute la hauteur. La ruine presque complète de cet édifice ne me permet pas d'en présenter une élévation même hypothétique[1], je me contente donc d'en donner le plan avec une perspective d'après une photographie que j'ai faite.

Ces thermes étaient alimentés d'eau (ainsi qu'une partie de la ville d'ailleurs) par un aqueduc qui prend son origine au nord de la ville. Cette eau provient d'une source et est amenée par un canal[2] souter-

[1]. Cet édifice est orienté presque exactement est-ouest dans sa plus grande dimension par conséquent nord-sud dans le sens CF.

[2]. Mesures données d'après M. Caillat.

rain de 0ᵐ,40 de large dans des citernes qui peuvent en renfermer près de 7,000 mètres cubes, citernes composées de sept salles parallèles voûtées en berceau. Ces eaux parcourent de là 1,200 mètres en canal souterrain et 1,350 mètres en aqueduc hors du sol, aqueduc en arcades en grand appareil refait à différentes époques, comme l'indiquent les matériaux d'emprunt qu'on y a employés (voir plus haut)

Nous donnons, pour terminer ce travail sur Simittus, le plan d'ensemble de la ville antique d'après M. Caillat[1]. Il a cru pouvoir reconstituer les alignements des rues d'après la direction des alignements de débris existant encore. On remarquera que ce travail n'a été fait que dans les environs des thermes quoique sur le reste de l'emplacement de la ville on ait pu reconnaître un grand nombre de vestiges antiques ; mais c'est seulement de ce côté que les alignements subsistent en assez grand nombre et assez nettement pour qu'on puisse établir sur ces indications un travail à peu près certain.

Je suis heureux de pouvoir remercier ici M. Caillat de la façon si aimable avec laquelle il m'a fourni un grand nombre de matériaux qui m'ont permis de compléter en peu de temps le travail que j'avais entrepris à Chemtou.

HENCHIR-EL-KSOUR

A 5 kilomètres au nord-ouest de Chemtou, réservoir près d'une source. — Grand kasr byzantin construit avec des tombes, nombreuses colonnes et quelques cippes.

BORDJ-EHELAL ou HENCHIR-ZOUBIA

Cette ruine qui s'étend au bas des flancs du Djebel-el-Hadjer est un grand bourg fortifié complètement ruiné, mais dont le front nord-ouest est encore assez bien conservé. Aujourd'hui les Arabes se sont

---

1. J'ai complété ce travail par quelques indications sur les carrières et su la partie sud-est de la ville près de l'amphithéâtre. De ce côté, l'emplacement des constructions est exact, mais le tracé des voies approximatif.

emparés des ruines, et les constructions voûtées leur servent de greniers à fourrages et de silos; leurs gourbis sont en grande partie construits dans la partie sud-sud-ouest.

Ce front nord-nord-ouest mesure en ligne droite 178^m,47[1] et est défendu par quatre tours dont deux aux angles; le front nord-est est

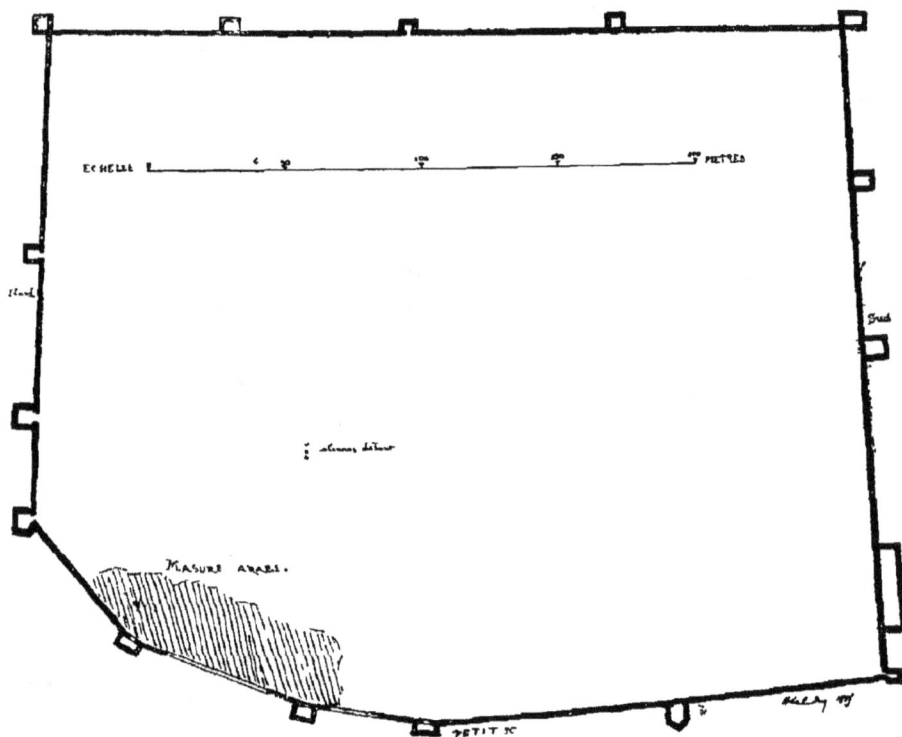

Fig. 44. — Plan de Bordj-Ehelal.

aussi à peu près en ligne droite et mesure 298^m,35, il est défendu par cinq tours dont deux aux angles. Le front sud-est est défendu par cinq tours dont deux aux angles et mesure 249^m,60 (il est à peu près au ras du sol actuellement). Quelques constructions antiques se voient encore à l'est de ce côté, et à l'extérieur de l'enceinte. Ce sont des constructions voûtées, en blocage, formant des chambres de 3 mètres de large communiquant entre elles par des portes dont les ouvertures ont gardé leur forme rectangulaire très reconnaissable.

1. Ces mesures comprennent les faces des tours extrêmes.

Le front ouest n'est pas en ligne droite comme les trois autres, il est défendu par cinq tours carrées et une tour pentagonale (deux tours aux angles). Il mesure en tout 351ᵐ,10 et l'angle que forme sa brisure a son sommet à la quatrième tour en partant de la tour d'angle ouest. Au milieu, deux koubbas : Sidi-Khaled et Sidi-Slima. Cet ouvrage est donc défendu par seize tours ayant de 4 mètres à 8 mètres de saillie sur les courtines. Les portes des tours sur les chemins de ronde des courtines sont surtout visibles sur le front nord-ouest le mieux conservé, dans les tours A, B, C, F et L. Ce bourg a été fortifié à la fin de l'Empire romain, puis, après une destruction partielle, il a été reconstruit à l'époque byzantine [1] avec des débris de tout genre. Au centre à peu près de l'aire qu'il occupe et un peu vers le nord, de nombreuses colonnes avec un chapiteau corinthien épannelé indiquent peut-être l'emplacement d'une église [2].

Fig. 44 bis. — Front nord de Bordj-Ehelal.

Les pierres employées dans la construction sont généralement de ce calcaire bleuâtre dont j'ai déjà parlé. En maints endroits il est presque d'un ton doré à la surface. Les colonnes sont faites de cette pierre qui est quelquefois d'une texture schisteuse. Les murs sont construits en blocage avec revêtement extérieur et intérieur en pierres de taille dont les assises ont généralement 0ᵐ,25, c'est-à-dire le pied philétérien ou $\frac{1}{2}$ coudée égyptienne. Ils ont plus de 1ᵐ,50 d'épaisseur, c'est-à-dire 6 pieds ou 3 coudées.

Nous n'avons malheureusement pas eu le temps de séjourner plus de deux heures à Bordj-Ehelal, nous nous bornons donc à en donner un plan avec une vue du front nord. De très nombreux fragments d'entablements et de pilastres sont encastrés dans les parties de la construction refaites à l'époque byzantine.

---

1. *C. I. L.*, VIII. 1259.
2. Tissot y voyait l'emplacement du prétoire du camp. *Géographie de la province romaine d'Afrique*, t. II, p. 266.

HAMMAM-DARREDJI (BULLA REGIA)

En allant de Chemtou prendre le chemin de fer à Souk-el-Arba pour nous diriger vers la station de Oued-Béja où nous devons trouver les chevaux et moyens de transport à l'aide desquels nous atteindrons Teboursouk, nous avons passé par Bordj-Ehelal et Hammam-Darredji. Ici nous n'avons pu que jeter un coup d'œil sur les ruines assez étendues de Bulla Regia, et notre travail porte sur le seul monument debout dont on puisse lever le plan et étudier la structure avec profit. Tout le reste est bouleversé et détruit. M. Winckler a donné, dans le *Bulletin des Antiquités africaines*[1], un plan détaillé de la ville et exposé le résultat des recherches qu'il a pu entreprendre en faisant des fouilles près du nymphée, etc. Il a suivi les murs d'enceinte de la ville et en a patiemment restitué les contours. Je ne ferai pas d'observations sur la quantité de renseignements donnés dans cette partie de son travail, n'ayant pas pu les contrôler en détail.

Les ruines de Bulla Regia sont au ras de terre, bouleversées et méconnaissables; seules, de nombreuses suites de citernes voûtées et de constructions actuellement souterraines (substructions de maisons ou d'édifices) sont reconnaissables sur différents points.

Les deux monuments encore debout sont : 1° un grand édifice[2] romain dont j'ai relevé le plan et différentes vues que je donne ici, et 2° un kasr byzantin (peu intéressant) dans l'intérieur duquel on a construit une sorte de fondouk arabe. Tout auprès de ce fondouk je remarque des fragments d'un beau chapiteau byzantin très mutilé.

A l'ouest du premier édifice que j'ai cité, d'énormes ruines ont été désignées sous le nom de thermes. Les voûtes et les murs en blocage sont bouleversés pêle-mêle et tout indique une destruction relativement récente. Sur les parements extérieurs l'enduit figure un grand appareil de 0m,40 de haut en bossages séparés par des refends de 0m,01 de largeur et de profondeur. Les voûtes portent, à certains endroits, sur leurs enduits de chaux, des dessins à la pointe figurant des rinceaux et des entrelacs : c'est assurément le reste des indications tracées pour

1. *Bulletin des Antiquités africaines*, 1885, p. 110.
2. Cet édifice est indéterminé, peut-être était-ce un palais; à coup sûr, il ne me semble pas qu'il ait jamais eu la destination de thermes son plan ne me semble pas l'indiquer.

servir à exécuter une décoration peinte[1] ; sur un des fragments énormes de voûtes qui sont à terre je remarque une partie de terrasse avec l'escalier qui y aboutissait.

Cet édifice était très considérable, de nombreuses salles voûtées se remarquent encore autour des décombres. Des fouilles seules pourraient donner quelques renseignements sur sa destination.

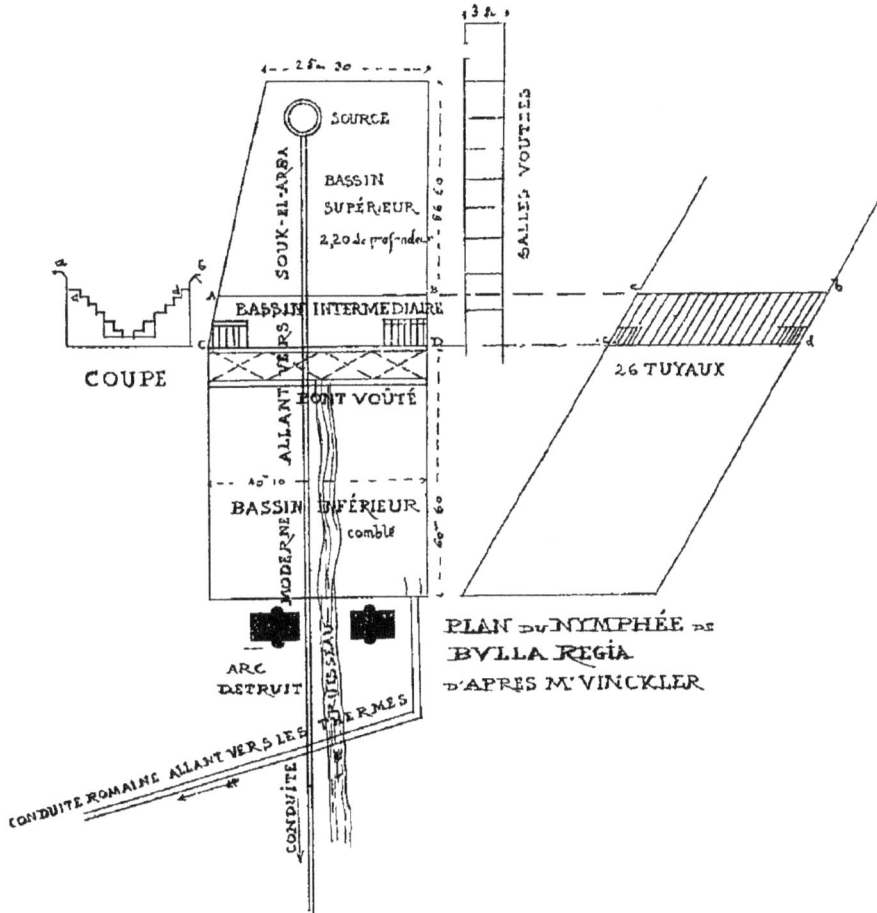

Fig. 45. — Plan du nymphée de Bulla Regia, d'après M. Winckler.

Auprès de la prise d'eau faite dans l'ancien nymphée et qui conduit à l'heure actuelle l'eau de la source à Souk-el-Arba, s'élevait autrefois un arc de triomphe intéressant. Il a été complètement détruit depuis l'occupation française par un entrepreneur à qui on avait permis de

---

1. A Pompéi, les ébauches tracées à la pointe dans l'enduit avant la peinture sont apparentes en maint endroit.

prendre des matériaux dans les ruines de Bulla Regia et qui, au lieu de se contenter de réunir les matériaux épars à terre, a détruit complètement cet arc.

Quoique ce petit monument ne fût pas d'un style très remarquable il était intéressant par sa disposition. Arc extradossé parallèlement avec une colonne engagée de chaque côté.

Fig. 46. — Arc du nymphée, d'après M. Winckler.

M. Winckler [1] a donné du *nymphæum* un plan que je reproduis ici. « Le bassin supérieur de la source était séparé du deuxième réservoir par deux murs distants de 4 mètres, murs percés de vingt-six ouvertures garnies de tuyaux de plomb versant l'eau dans le bassin inférieur. Des escaliers permettaient de descendre dans cet espace intermédiaire; un pont voûté de 3^m,5o couvrait en partie le bassin inférieur; à 4 mètres du *nymphæum* du côté est sont de petites salles dont l'intérieur est recouvert de mosaïques » (Winckler, *loc. cit.*). Plus loin vers l'est-sud-est se trouvent les ruines du théâtre. Ces ruines presque à fleur de terre sont à peine reconnaissables. L'exécution des façades extérieures semble plus soignée qu'à Chemtou; elles sont construites en pierres de grand appareil; les voûtes sont en blocage; l'étage inférieur est seul conservé et tout l'intérieur du théâtre est comblé complètement. Il y avait probablement comme à Chemtou treize vomitoires. La scène mesure sur sa face postérieure environ 33 mètres.

Grand édifice indéterminé [2].

Ce grand édifice, dont je donne quatre vues perspectives, un grand détail et un plan, semble avoir eu deux étages, comme l'indique la coupe restituée à une petite échelle.

1. Je dois ce document, malheureusement incomplet, ainsi que la photographie de l'arc du nymphée, à l'obligeance de M. R. Cagnat.
2. M. Winckler, *Bulletin trim. des Antiquités africaines*, 4e année, t. III

Il se compose de deux grandes salles barlongues AC avec une cour centrale B, entre les deux grandes salles. Une seule grande baie en plein cintre fait communiquer la salle A avec cette cour centrale. Un espace D, probablement découvert, isolait cette partie centrale autour de laquelle se développaient les galeries voûtées F en voûtes d'arête. Malheureusement les débris écroulés des voûtes encombrent tellement le sol qu'il est difficile de se rendre un compte exact de certains arrangements. Les salles A et C étaient probablement les parties principales de l'édifice; elles sont voûtées d'après un mode fréquemment usité à l'époque romaine; comme leur forme est barlongue et que les constructeurs romains ne construisaient que rarement des voûtes barlongues ayant cette élévation, on a voûté en voûte d'arête la partie centrale, et les extrémités en berceau. La construction est en blocage, mais les parties formant angles, les baies (pieds-droits et archivoltes) sont en pierre de taille ainsi qu'un chaînage à la hauteur de la naissance des voûtes. L'étage inférieur qui est reconnaissable sur différents points (au sud-ouest de la salle A et dans la salle C vers l'ouest) est absolument encombré par des débris de toutes sortes.

Ces voûtes compactes en béton et en blocage ont péri très probablement à la suite d'un tremblement de terre : elles se seront brisées et la chute des parties supérieures aura produit une série de poussées qui auront renversé presque tous les murs.

Les salles longues, ou galeries E F, étaient voûtées en voûtes d'arête barlongues compactes et par conséquent poussant peu, du moins tant que la voûte restait sans fissure. Des ébranlements ayant produit des fentes dans le sens longitudinal, des parties entières de voûtes sont tombées avec les murs qui les soutenaient. Cette remarque peut se faire surtout sur la face ouest. On a disposé les murs est et ouest de la cour B de façon à ce qu'ils épaulent les poussées des salles A et C, aussi après le tremblement de terre qui a amené la chute d'une partie de l'édifice et la dislocation du reste, ces murs se sont déplacés

fasc. XII, juillet 1885, p. 121, a découvert, en fouillant dans cet édifice, une chambre souterraine de 5m,20 de diamètre entourée de cinq cellules plus petites: une ouverture était percée au centre de cette salle et recouverte d'une dalle. Il avait vu cette dalle et, en la faisant enlever, il a découvert ces salles. Quelques-unes de ces chambres communiquent entre elles par des portes surmontées d'une petite niche qui devait contenir une statuette, d'après M. Winckler, mais qui, à mon avis, devait plutôt avoir été pratiquée pour recevoir une lampe. Il est regrettable que M. Winckler n'ait pas donné les plans de ces salles. Je serais assez disposé, à cause de l'ouverture supérieure, à y voir des réservoirs d'eau ou des caves. Je ne crois pas que ces salles souterraines soient un élément dont la constatation puisse faire considérer ce grand édifice comme ayant servi de thermes.

dans leur partie inférieure et la partie supérieure, comprimée par les poussées de A et de C, est restée suspendue et appuyée à ces murs aux points correspondants aux points d'application des poussées. Nous remarquons à ce propos le manque de liaisonnement des murs qui viennent buter l'un contre l'autre à angle droit sans être reliés ensemble, comme nous l'avons remarqué aux thermes de Chenitou.

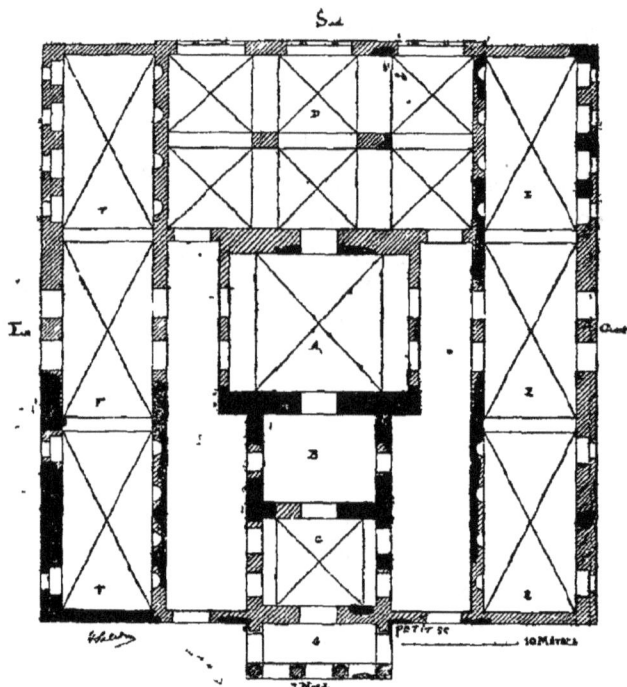

Fig. 47 — Plan du grand édifice.

Les parties teintées sont un essai de restitution; celles en noir subsistent seules hors de terre.

Cet édifice est certainement, avec les thermes de Fériana (*Rapport*, p. 117) et ceux de Macteur (d'après les documents qui m'ont été communiqués par M. J. Poinssot), un des plus grands édifices antiques en blocage qui se voient en Tunisie. Il est probable qu'un déblaiement partiel serait intéressant à tenter sur ce point : on retrouverait des dispositions peu usitées, peut-être des mosaïques de pavage ou des statues ayant décoré la grande salle A. On ne peut guère fixer une date exacte à cet édifice; malgré la maladresse avec laquelle certaines parties de la construction sont traitées (manque de liaisonnement des murs latéraux de B avec A et C et des parties en grand appareil avec le blocage, négligence apportée à l'appareil des arcs, notamment ceux de la salle A), cet édifice pourrait appartenir à l'époque des Antonins,

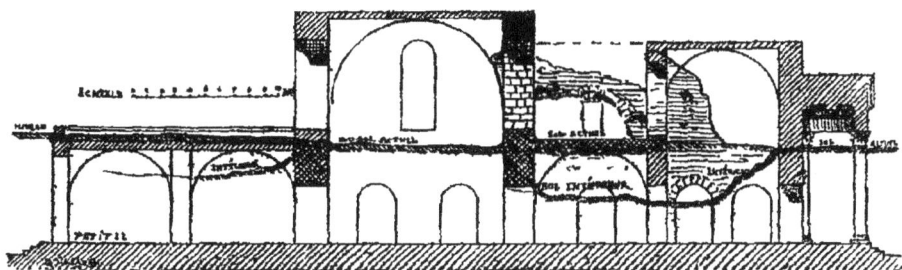

Fig. 48 — Coupe.

car nous verrons plus loin, à Dougga, un ppareil plus défectueux encore employé dans la *cella* du temple de Jupiter, édifice daté très exactement de cette époque.

Fig. 49 — Vue de la salle A

Le plan que nous donnons ici (fig. 47) ne doit être considéré que comme un croquis approximatif des dispositions principales de cet édifice; il nous aurait fallu plus de temps et la possibilité de faire certaines fouilles pour pouvoir en déterminer exactement les pièces

Fig. 5o. — Face ouest.

Fig. 51. — Face est.

Fig. 5? — Face nord-est.

et dépendances. Néanmoins, on peut juger de son importance et de sa distribution singulière qu'une petite coupe (fig. 48) permettra de mieux comprendre. Les salles inférieures sont bien reconnaissables sur les points où les effondreme ts permettent d'y accéder.

On voit donc que la salle A et la salle C étaient relativement très élevées par rapport aux galeries E et F, ce qui explique qu'on ait employé pour les voûter la voûte d'arête carrée, au lieu de la barlongue employée en E et en F, comme on peut le déduire de la direction des arêtes encore existantes.

Les voûtes étaient recouvertes d'une chape de ciment et la forme de la silhouette générale de l'édifice dérivait de l'aspect des sections des extrados par ces façades, c'est d'ailleurs le principe actuellement en vigueur chez les constructeurs tunisiens dans presque toutes les villes de la côte est[1]. C'est le principe qui a prévalu dans presque toutes les constructions byzantines, c'est-à-dire à une date bien postérieure à celle que nous croyons devoir attribuer approximativement à cet édifice (fin du IIe siècle et commencement du IIIe).

On peut supposer que la décoration de cet édifice consistait intérieurement en peintures sur les enduits et en mosaïques de pavage. Rien n'indique, dans le plan, l'emploi de colonnes dégagées, comme on en remarque si souvent dans les thermes de Rome. J'ai supposé l'entrée vers le nord et par un portique tétrastyle qui me semble motivé par la saillie de l'avant-corps.

OUED-BÉJA

Pont romain. -- Ce pont est situé à une petite distance de la station Oued-Béja sur la ligne de Tunis à Ghardimaou et Souk-Arrhas. Si l'on compte la longueur du pont en y comprenant les rampes d'accès, il mesure 70 mètres de long ; il n'a que trois arches, les deux extrêmes mesurant ainsi que celle du milieu près de 6 mètres (de droite à gauche de l'élévation) :

La première $5^m,80$
La deuxième $5^m,30$
La troisième $6^m,00.$

Le pont avait $7^m,30$ de largeur. En amont les piles ont des avant-

1. Cette tradition a persisté au moyen âge, en Sicile et dans l'Italie méridionale. J'en ai noté de curieux exemples à Ravello, près d'Amalfi.

becs demi cylindriques, les culées sont protégées par des murs de garde à droite et à gauche en amont et en aval à gauche seulement. Les arcs étant égaux, on a dû pour obtenir le relèvement en dos d'âne du pont surélever les naissances de l'arche du milieu, de la hauteur d'une assise. A la naissance des arcs on a laissé comme imposte une

Fig. 53. — Vue en aval du pont d'Oued-Béja.

saillie assez forte sur le nu de la pile à l'assise qui correspond à la naissance. Cette saillie avait pour but de servir à l'établissement des cintres pour la construction des voûtes. Les parapets ont été détruits ; on m'a assuré néanmoins qu'il en existait encore des fragments quelques années avant l'occupation française. Il est probable que le

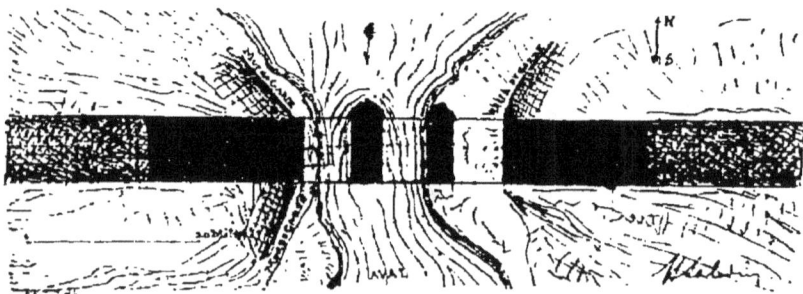

Fig. 54. — Plan du pont de Béja.

tympan de l'arcade de droite, cette arcade et une partie de la culée et de la rampe correspondante (fig. 53) auront été refaits quelque temps après la construction du pont [1], l'aspect de l'appareil semble

1. Une preuve évidente de cette reconstruction est l'emploi dans la recons-

l'indiquer. Cette arche est construite avec deux renforts au droit des têtes, ce qui n'existe pas pour les deux autres. Les arcs sont généralement appareillés en tas de charge, mais d'une façon assez irrégulière ; cet appareil est plus soigné dans les parties qui avoisinent les clefs.

La pente du pont (en dos d'âne) était plus accentuée dans le premier état de la construction ; au moment où l'on fit la reconstruction indiquée plus haut, cette pente fut diminuée par un léger exhaussement des accès, comme on peut le voir par la partie AA' qui a été évidemment ajoutée après coup.

Sur ce pont passait la voie antique d'Hippone à Carthage.

MAÂTRIA

Maâtria est situé sur le Djebel-Maâtria qui, avec le Djebel-Kaleika, sépare Teboursouk de la vallée de la Medjerda. L'Henchir-Maâtria se trouve (à peu près à mi-chemin de Béja-gare à Teboursouk) près de la route nouvelle de Béja à Teboursouk, mais une autre ruine porte le même nom. Elle est située au nord-nord-est du point où nous sommes et nous apercevons, sur une hauteur, une sorte de tour que nos guides nous disent appartenir à cette ruine, c'est probablement un mausolée. Elle correspond à Henchir-el-Maâtria de la carte de l'État-major et le point où nous sommes n'est désigné que sous le nom de El-Maâtria.

MM. Reinach et Cagnat ayant déjà exploré cette ruine, je me contenterai d'en donner une étude succincte. Des Arabes y construisaient, lors de notre passage, des gourbis en moellons et en branchages.

Construction rectangulaire en moellons.

Cette construction sur plan rectangulaire, qui conserve encore ses portes et ses fenêtres, est analogue, quant à l'appareil, à Kasr-el-Ahmar

truction de l'arc oriental, d'une pierre portant une inscription bien connue (C. L. I., VIII, nº 10568), placée de façon à former une partie de l'imposte de l'arc.

près de Djilma[1]; on y trouve de même des chaînges en pierre avec harpes (pierres en délit alternant avec harpes horizontales) encadrant des massifs en moellons. Entre cette construction et des gourbis arabes grossièrement bâtis en moellons et en branchages et qui s'appuient contre une petite élévation de terrain, on retrouve de nombreux fragments, enterrés presque complètement, de pilastres, de chapiteaux et d'entablement d'ordre corinthien; j'y dessine une corniche d'un travail assez grossier (fig. 58).

Plus loin, vers la vallée qui s'étend à la droite de la route de Teboursouk et qui est en partie cultivée, les derniers contreforts du plateau sur lequel s'élèvent les ruines de Maâtria sont couverts de fragments d'édifices divers. Des constructions voûtées en soussol et butées par des contreforts demi cylindriques[2] sont complètement disloquées. Une nécropole s'étend entre ces constructions et celles dont nous avons parlé plus haut ; les tombes sont des cippes en forme de piédestal (comme nous en trouverons de nombreux exemples à Dougga, notamment à l'ouest de Bab-er Roumia). Si l'on faisait des fouilles dans cette nécropole. on n'y trouverait probablement que des urnes cinéraires avec des monnaies et des lampes de terre cuite.

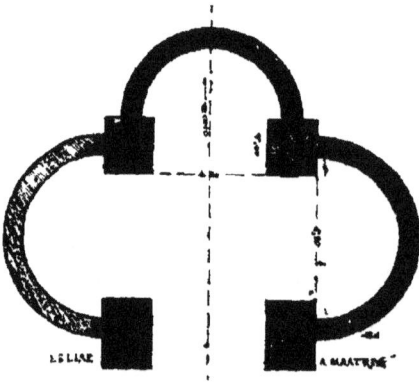

Fig. 55. — Maâtria; plan de la chapelle.

A une petite distance de cette nécropole et vers la gauche (en allant vers l'ouest), au milieu de murs de blocage dont la ruine encombre une assez grande surface de terrain, nous remarquons une abside trilobée semblable à celle que nous avons dessinée à Sidi-Mohammed-el-Gebiouï en 1882[3]. L'abside de Maâtria n'est pas comme celles de Sidi-Mohammed-el-Gebiouï construite exclusivement en blocage, elle a une ossature en grands matériaux et possède encore les murs latéraux soutenant la voûte d'arête qui couvrait la partie carrée du plan, et formant les tympans des arcs latéraux de cette voûte. Ses di-

1. *Rapport de* 1883, p. 57.

2. Peut-être des réservoirs ou citernes comme ceux de la région qui entoure Djilma.

3. *Rapport de* 1883, p. 34, fig. 41 a 45.

mensions sont à peu près les mêmes que celles de Sidi-Mohammed-el-Gebiouï ; la croisée de la nef (nous serions assez disposé à y voir,

Fig. 56. — Maâtria, chapelle.
Vue d'ensemble prise de l'ouest.

comme à Sidi-Mohammed-el-Gebiouï, une abside d'église ou plutô
une chapelle) [1] est couverte en voûte d'arête et éclairée par quatre fe-

Fig. 57. — Maâtria, chapelle. Vue intérieure ; détail.

nêtres, en partie ruinées. La voûte en blocage, au lieu de reposer sur
des arcs, s'appuie comme à Kasr-el-Ahmar, sur des encastrements

1. On pourrait rapprocher ces chapelles de la chapelle de Sainte-Croix de
Montmajour près d'Arles ; en supprimant le porche carré et la première demi-
coupole nous retrouvons le plan de Maâtria. Viollet-Leduc, *Dict. d'architec-*

E (fig. 57) ménagés dans l'épaisseur des murs des tympans. A une hauteur correspondant au niveau de l'extrados des quatre arcs de tête de la croisée, dans les angles de la partie du milieu (carrée en plan) des tablettes A de pierre épaisses de o^m,20 environ recevaient les retombées des angles de la voûte. Il se pourrait que ces tablettes eussent été soulagées par quatre colonnes placées dans les quatre angles, nous n'avons pas retrouvé de traces de ces colonnes. De chaque côté d'une des fenêtres, des corbeaux B moulurés formant une légère saillie sur le mur, à l'intérieur, sont encore en place; il semble qu'ils aient servi soit à soutenir une tringle à laquelle une étoffe aurait été suspendue, ou une barre de bois servant au même usage. Peut-être n'ont-ils été placés là que dans un but décoratif. Comme on le voit par le dessin que j'en donne (dessin fait d'après une photographie que je dois à l'obligeance de M.

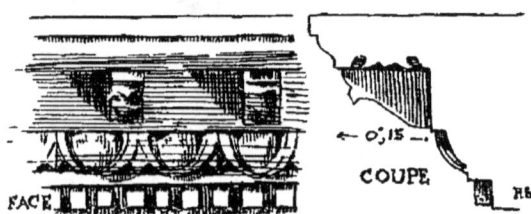

Fig. 58. — Entablement d'un temple d'ordre corinthien, à Maâtria.

S. Reinach), les arcs sont appareillés avec soin, en moellons assez grands et plats, semblables à ceux qui sont employés dans la construction des thermes de Feriana (Ras-el-Aïn à Medinet-el-Khedima, *Rapport de* 1882, p. 118, fig. 210). Les angles de la construction sont, comme dans l'édifice que nous avons étudié précédemment, renforcés par un quillage en grands matériaux en délit avec harpes.

Nous n'avons pas pu trouver de traces de nef correspondant à cette abside. C'était donc probablement une chapelle. J'en donne ici le plan, une vue perspective de l'ensemble et un détail.

De Maâtria nous gagnons

TEBOURSOUK (*Thibursicum Bure*).

Teboursouk est une petite ville arabe, misérable d'aspect et aux maisons sordides et à moitié ruinées, construite sur l'emplacement

ture, *Chapelle*, fig. 16, p. 445. Les églises chrétiennes les plus anciennes étaient de petite dimension : l'église de Saint-Sixte et Sainte-Cécile (décrite par de Rossi) sur la voie Ardéatine, par exemple, est sur le même plan que ces absides africaines et a presque les mêmes dimensions.

d'une ville antique. Son existence est signalée par la mention qu'en fait Ptolémée) [Θουϐουρσίκα), IV, III, 29]. Elle date probablement d'une époque antérieure à la conquête romaine, si l'on s'en rapporte à la forme de son nom qui commence par le *th* punique. Le monument le plus récent des temps antérieurs à la conquête arabe est l'inscription *C. I. L.*, VIII, 65. ✙ *Salvis Dominis nostris*, etc., qui date d'une époque que l'on peut fixer entre 565 et 578 après Jésus-Christ.

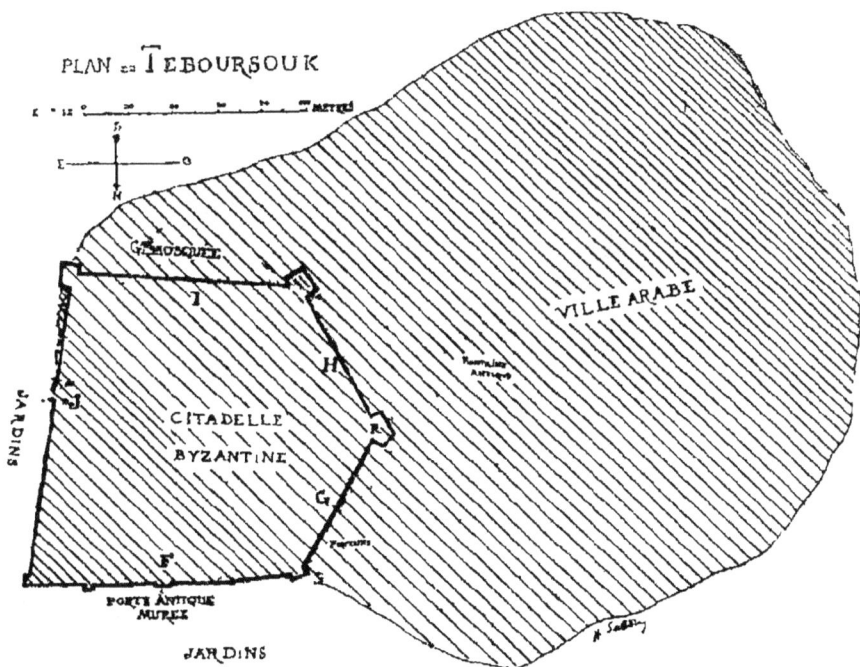

Fig 59. — Plan de Teboursouk.

Une si longue existence a dû laisser de nombreux monuments ; jusqu'ici les monuments épigraphiques ont seuls montré par leur nombre l'importance de la ville antique. Une porte monumentale qui a été murée dans l'enceinte byzantine et la citadelle formée par cette enceinte sont, avec les bassins et le réservoir de la fontaine antique qui sert encore actuellement, les seuls monuments architecturaux de la ville antique reconnaissables aujourd'hui. La citadelle byzantine occupe la partie nord-est de la ville actuelle. J'en ai relevé le périmètre d'une façon approximative et j'en donne ici un croquis.

La face nord légèrement brisée vers le milieu porte quatre tours carrées dont deux d'angle, et a près de 120 mètres de long ; la face G

ouest est une longue courtine de 45 mètres de long rejoignant la courtine
suivante sous un angle assez prononcé (tour à chaque extrémité) ; la
face H est semblable, la face I présente à son extrémité ouest une tour
à quatre faces (engagée sur l'une d'elles et une autre carrée) ; la face J a
une interruption en son milieu ; elle s'engage à cet endroit dans les
restes d'une voûte d'arête en blocage sur piles en maçonnerie, probablement un des vestiges apparents des thermes de *Thubursicum*.
Le front J se continue ensuite pour aboutir à l'angle est de la face nord.
Ces murs sont construits de fragments pris de tous côtés, architraves,
inscriptions, pilastres, pierres de toute provenance, etc... Ils ont été

Fig. 60. — Appareil des murs de Teboursouk.

relevés en toute hâte au moment de la reconstruction de cette fortification par Thomas. A cette époque, il est probable que la ville, détruite en partie par les Vandales, n'existait plus que dans la région
comprise dans ces murs byzantins. Je donne (fig. 60) un dessin de l'appareil de ces murs d'après une photographie que j'en ai faite. On remarquera dans la partie supérieure du mur, au tiers de la hauteur apparente, la construction par grandes pierres en délit placées au-dessus de
lits horizontaux formés par de grands blocs de pierre comprenant des
parties en moellons. Il me semble qu'ici (front I) nous sommes en présence d'un remaniement très hâtif datant de la dernière restauration
de la forteresse : la forme irrégulière de la partie supérieure du mur en
grand appareil indique une brèche qui aura été réparée au moyen de
ces matériaux rapportés. Il est singulier de retrouver partout en Afrique
ce système de chaînages et harpes en grands matériaux avec remplissage de moellons. Je sais bien que, dans l'exemple que je donne
ici, on pourrait voir une façade munie de fenêtres grossièrement mé-
nagées dans la construction et rebouchées après coup. Je ne crois

pas que cette supposition puisse être soutenue, et cela, pour les raisons suivantes :

1° Les niveaux des parties inférieures des baies ne sont pas correspondants.

2° L'épaisseur qu'on aurait dû donner aux planchers n'aurait pas été suffisante.

3° Pour un pays chaud et où la lumière est souvent aveuglante il aurait eu trop de fenêtres sur cette petite surface.

Dans la tour R qui est encore debout dans presque toute sa hauteur, et la seule dans l'intérieur de laquelle j'aie pu pénétrer, j'ai noté la disposition des meurtrières avec leurs côtés inclinés, leur linteau et l'arc de décharge qui soulage celui-ci. Au-dessus un plancher reposant sur des lambourdes posées sur des bandeaux moulurés, et sur des solives placées en AA' formait l'étage supérieur; j'en donne un croquis (fig. 61). La porte antique engagée dans le front nord de l'enceinte ne doit pas dater d'une époque postérieure au règne de Septime Sévère. Elle est d'un assez bon travail et, quoique très mutilée et très enterrée, on peut néanmoins en restituer l'ensemble. En voici une perspective état actuel et une restitution d'ensemble. On doit penser qu'elle devait faire par-

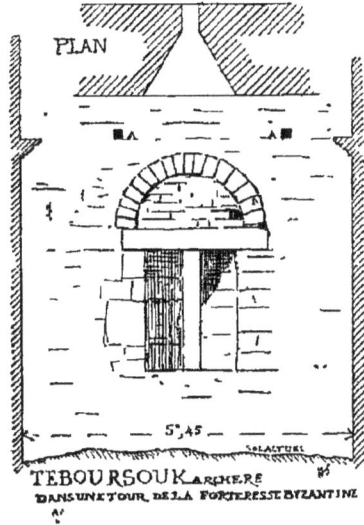

Fig. 61. — Détails intérieurs de la tour R. Enceinte byzantine de Teboursouk.

tie de l'enceinte antique de la ville et être une de ses portes, et non pas la considérer comme un arc de triomphe formant un monument isolé.

En A (remplissage de l'arc), se trouve l'inscription mentionnée plus haut : *Salvis Dominis*, etc.

Ce monument a 8ᵐ,43 de largeur totale mesurée d'extérieur à extérieur de la frise de l'ordre. Il consistait en une arcade de 4ᵐ,14 de diamètre appareillée en tas de charge et sans archivolte supportée ainsi que les tympans latéraux par deux pieds-droits formés chacun d'un ordre complet de pilastres corinthiens cannelés. Ces pilastres portaient probablement sur un soubassement. Comme cette porte se trouve en contre-bas de la ruelle qui sert d'écoulement à la plus grande partie des eaux de la ville, lors des grandes pluies, ces eaux charriant de grandes quantités de boue et d'immondices ont accumulé sur ce front nord une telle quantité de débris de tout genre, que la porte est enterrée actuellement d'au moins 4 mètres. L'entablement est composé d'une corniche formée par une doucine et un cavet, une frise sans ornements, et une architrave composée d'un talon surmonté d'un listel une face inclinée, une baguette et une face verticale. Les chapiteaux des pilastres ont 0^m,44 de haut et les pilastres ornés de six cannelures rudentées dans toute leur hauteur ont 0^m,072 de saillie sur le nu du mur auquel ils sont adossés.

Fig. 62. — Vue de la porte antique de Teboursouk ; état actuel

La ville antique a dû avoir une étendue bien plus considérable que cette forteresse byzantine et en bien des points de l'enceinte arabe on reconnaît des traces de murs antiques (presque toute l'enceinte arabe est construite en pisé). La colline, qui s'élève au sud-ouest de la ville et en porte une partie sur ses pentes escarpées, a été autrefois exploitée comme carrière pour Thibursicum et les traces de cette exploitation y sont encore visibles dans beaucoup d'endroits. La pierre qu'on en extrayait est un calcaire blanc assez dur et d'une belle couleur.

La défense d'entrer dans les mosquées de Teboursouk m'a empêché de reconnaître si dans ces constructions on avait fait usage d e colonnes antiques. J'ai remarqué d'ailleurs en beaucoup de points du souk, à des angles de maisons et aux arcades près de la grande mos-

Fig. 63 — Porte antique à Teboursouk; essai de restitution.

quée, des colonnes antiques employées dans les constructions arabes. — N'oublions pas que Ximenès y vit un temple (*C. I. L.*, VIII, 1424) et que les inscriptions font mention d'un théâtre et d'un gymnase.

Ayant reçu l'hospitalité dans la maison des hôtes qui dépend du khalifat de Teboursouk, j'y installe mes bagages et après deux jours consacrés à visiter Teboursouk en détail je pars pour Dougga.

DOUGGA [1] (*Thugga*).

Les ruines de Dougga s'élèvent à 7 kilomètres environ sud-sud-ouest de Teboursouk, au sommet d'une colline assez élevée dont la partie nord et nord-ouest est abrupte et formée par une falaise escarpée, tandis que du côté du sud-est son escarpement est moins rapide, et que vers l'ouest elle se raccorde avec le massif du Djebel-bou-Khrobaa.

Un village arabe s'est établi sur l'emplacement de Dougga, ou plutôt l'antique Thugga après la conquête arabe est devenue un simple village. Les habitants doivent être d'une race fort mélangée de Berbères, car il n'est pas rare de voir parmi eux des individus blonds aux yeux bleus, à la barbe légèrement fauve, tout différents comme aspect et comme gestes des Arabes de la plaine.

Résumons, avant de décrire les ruines de Thugga, les quelques renseignements que les auteurs anciens nous donnent sur la ville antique.

Ptolémée mentionne Τουγγα entre le Bagrada et Thabraca. Il est probable que commettant à l'égard du Bagrada la même erreur que quand il parle de Μυστη (Sidi-Abd-er-Rebbou), il prend l'Oued-Khalled qui passe près de ces deux villes pour un bras du Bagrada [3].

Époque punique. — Au moment où Agathocle à la fin de son expédition en Afrique (de 310 à 306 av. J.-C.) est rappelé en Sicile, il confie à son fils Archagate le soin de continuer la guerre. Celui-ci envoie Eumaque à la tête d'une petite armée s'emparer de la citadelle de Τοχαι [4] située dans un lieu élevé et soumettre les populations numides qui l'environnent, il est vraisemblable que Τοχαι n'est autre que Dougga.

Époque romaine. — Voici d'après le *Corpus* (*C I. L.*, VIII, 1478 et suiv.) l'histoire des développements de Dougga. — Sous le règne de Claude, Thugga est un *pagus*, une inscription (*anno* 118 J.-C.) lui

---

1. Ces ruines ont été étudiées par les voyageurs suivants : Shaw, S. Greenville-Temple, Bruce, Pukler-Muskau, Berbrugger, Guérin, Playfair, Poinssot et le lieutenant Marius Boyé. Je dois de précieux documents à ces deux derniers et, à M. Boyé en particulier, le plan topographique de Dougga que je donne ici.

2. La présente du *th* dans la transcription latine du nom de la ville indique une transcription d'un nom punique, comme la remarque a été déjà faite sur de nombreux noms de villes antiques en Afrique : *Simithus, Thibursicum, Thuburbo, Althiburos,* etc...

3. Guérin, *Voy. arch. dans la Régence de Tunis*, t. III, p. 104.

4. Diod. de Sicile, lib. XX, cap. v, § 4.

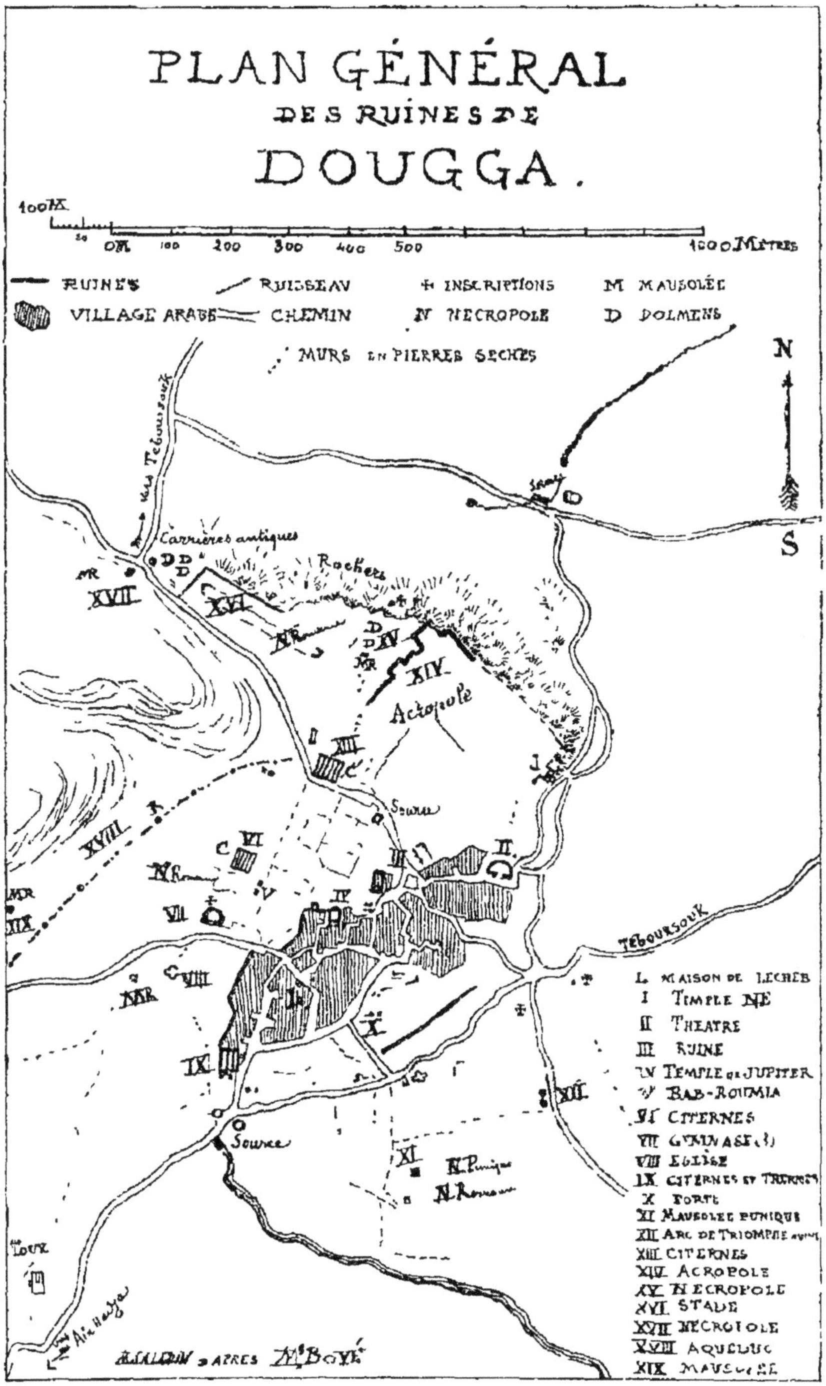

PLAN GÉNÉRAL
DES RUINES DE
DOUGGA.

100ᴹ

0ᴹ   100   200   300   400   500   1000 Mètres

— RUINES   RUISSEAU   + INSCRIPTIONS   M MAUSOLÉE

VILLAGE ARABE CHEMIN   N NECROPOLE   D DOLMENS

MURS en PIERRES SECHES

N

S

Vers Téboursouk

Carrières antiques

D D
D D

Rochers

XVII

XVI

MR

D
D IV
MR

XIV

Acropole

III

Source

VI
C

XVIII

N Rom

V

II

IV

MR

VII

XIX

TÉBOURSOUK

I

VIII

MR

X

IX

XII

Source

XI   N Punique
     N Romain

TOUX

Aïn Hadza

ALSALDIN D'APRES Mr BOYÉ

L   MAISON DE LECHEB
I   TEMPLE NE
II THEATRE
III RUINE
IV TEMPLE de JUPITER
V   BAB-ROUMIA
VI CITERNES
VII GYMNASE (?)
VIII EGLISE
IX CITERNES ET TRESOR
X   FORTE
XI MAUSOLEE PUNIQUE
XII ARC DE TRIOMPHE avec
XIII CITERNES
XIV ACROPOLE
XV NECROPOLE
XVI STADE
XVII NECROPOLE
XVIII AQUEDUC
XIX MAUSOLEE

Fig 64. — Plan de Dougga : état actuel, d'après M. M. Boyé.

donne le titre de *civitas*; au IIIᵉ et IVᵉ siècle Thugga devient *municipe*
et enfin en 261 sous Gallien, *colonie*. — Nous indiquerons dans la
description des ruines l'indication de monuments de l'époque chrétienne (évêque de Thugga; Morcelli, *Afr. chr.*, t I, p. 334). Justinien
au moment de la conquête byzantine y fait construire une citadelle :
c'est très probablement l'ensemble dans lequel le temple de Jupiter,
Junon et Minerve a été englobé.

Nous allons retrouver ici des monuments de toutes ces époques et
même des monuments probablement antérieurs à l'époque punique,
des sépultures et des fortifications mégalithiques. .

Le travail que je vais exposer sera très long et doit se diviser, pour
plus de clarté, en trois parties bien distinctes :

1º *Description générale de Dougga.*

2º *Monuments antérieurs à la conquête romaine.*

3º *Monuments postérieurs à cette époque jusqu'à la conquête arabe.*

Le premier paragraphe comprendra la description topographique
du village avec l'indication des ruines, leur description sommaire; je
suivrai dans ce travail le plan topographique des ruines de Dougga,
dressé avec le plus grand soin et beaucoup d'exactitude par M. Marius Boyé[2], lieutenant au 6ᵉ cuirassiers. Ce plan que j'ai eu à ma disposition, grâce à l'obligeance de M. Boyé, m'a permis de m'orienter
à Dougga et de reconnaître rapidement les points principaux à étudier. Je n'ai eu que très peu de chose à ajouter comme indications à
ce travail.

J'aurai quelquefois à mentionner dans le cours de ce travail d'autres
renseignements tirés des matériaux réunis à Dougga par M. Boyé.
Qu'il reçoive ici mes remerciements pour l'obligeance avec laquelle
il m'a autorisé à m'en servir.

Dans le second paragraphe nous étudierons les monuments primitifs de Dougga, sépultures mégalithiques, fortifications primitives.
J'aborderai ensuite l'étude du mausolée punique, après avoir tracé
brièvement l'historique et les origines de l'art punique[3] et son évo-

1. Procop., *De ædif. Just.*, l. VI, cap. VI.

2. Je ne saurais trop insister sur les services rendus aux études d'archéologie africaine par les officiers de l'armée En encourageant leurs communi-
cations, en les guidant et en les dirigeant surtout du côté des renseignements
topographiques et photographiques, on arrivera certainement à utiliser le
zèle que beaucoup d'entre eux montrent en Afrique pour l'étude de l'archéologie.

3 Bien que les Phéniciens et les Carthaginois n'aient pas eu d'art propre,
c'est-à-dire d'art franchement original, je crois néanmoins pouvoir me servir
de ce terme pour caractériser les formes d'art employées dans les monu-

lution jusqu'à la conquête romaine. La stèle de Dar-Lecheb sera décrite aussi, ainsi que deux fragments libyques. Je ne dois pas oublier les deux nécropoles anté-romaines, sépultures mégalithiques au nord, nécropole punique au sud.

Nous entreprendrons enfin en troisième lieu l'étude des monuments suivants :

Le temple de Jupiter, Junon et Minerve ;

Le temple du nord-est ;

Le théâtre ;

Un édifice indéterminé,

Les citernes les aqueducs et les thermes ainsi que les sources ;

Les portes triomphales ;

Les nécropoles romaines ;

Le stade et les carrières ;

Les fortifications.

L'importance de ces ruines n'échappera pas, Monsieur le Ministre, à votre attention, et j'ose espérer que le temple corinthien et le mausolée punique vous paraîtront d'un intérêt artistique et archéologique suffisant pour que, grâce à votre sollicitude, des mesures efficaces soient prises immédiatement pour leur conservation, et même peut-être pour leur restitution partielle, au moins pour le mausolée punique.

§ 1. — DESCRIPTION GÉNÉRALE DE DOUGGA.

Le village actuel de Dougga s'élève sur une partie du plateau supérieur et sur les pentes sud-sud-est d'une colline assez élevée, formée, ainsi que toutes les montagnes de cette région, par le relèvement d'une couche très épaisse de calcaire. Cette formation, que nous avons si fréquemment remarquée en Sicile et en Tunisie, donne au paysage un aspect tout particulier. Du côté où le soulèvement s'est produit, une brisure profonde a fissuré, dans toute son épaisseur, la couche relevée qui se dresse à une très grande hauteur en forme de falaise escarpée. De l'autre côté, la pente, plus douce, s'étend par de longues parties inclinées jusqu'aux points les plus bas des vallées adjacentes. Dougga présente cet aspect. Le flanc nord composé de rochers abrupts est presque inaccessible, le côté oriental est moins difficile à aborder quoi-

ments d'époque punique, car ces monuments ne peuvent être raisonnablement désignés sous le nom de monuments égyptiens, egypto-grecs ou grecs, quoique les formes adoptées par les artistes africains aient revêtu successivement ces trois caractères.

que le chemin qui mène de Teboursouk à Dougga soit très escarpé dès qu'on approche du village. Les côtés sud-est, sud et sud-sud-ouest au contraire forment des pentes peu rapides couvertes aujourd'hui d'oliviers, de figuiers de Barbarie et de jardins fertiles. Le village arabe occupe à peine un quart de la superficie de la ville antique; ses maisons grossièrement construites s'étagent confusément sur les flancs de la colline, au sommet de laquelle se détache le temple de Jupiter, avec son fronton intact et ses élégantes colonnes corinthiennes; plus loin, à gauche, les teintes grisâtres des rochers limitent les belles plantations d'oliviers qui s'étendent de ce côté. Sur les flancs du village, à droite et au centre, les jardins, les plants d'oliviers et les cactus se succèdent jusqu'à la vallée au fond de laquelle circule le petit ruisseau produit par la source du sud.

Quand on arrive de Teboursouk à Dougga par le chemin du bas de la ville, on aperçoit, en haut et à droite, quelques pans de mur indéterminés qui indiquent le temple du nord-est. Si l'on pénètre dans le village, on rencontre une petite place encombrée de fragments de colonnes antiques. De ce point nous allons partir pour examiner le site de chacun des édifices de Dougga. D'abord par le chemin qui se trouve à droite, on arrive aux ruines du théâtre, puis en franchissant les cactus qui encombrent le passage, on suit la crête de la colline jusqu'au temple nord-est; mais en continuant vers la gauche la ligne terminale de la falaise où se voient de nombreux restes de murs de l'acropole, à l'angle extrême de cette partie, on rencontre des murs encore debout qui limitent ici la ville antique : une partie de ces murs est antérieure à la conquête romaine, une partie byzantine. Sortant de là par une brèche, nous atteignons une nécropole contenant des sépultures mégalithiques et des tombes romaines, le stade et après lui les carrières. Revenant sur nos pas, par le chemin indiqué sur le plan, nous arrivons aux grandes citernes et à la source du nord; de là, à travers les oliviers et les cactus, nous parcourons les jardins qui s'étendent au nord-ouest du village, et nous découvrons la partie postérieure de la *cella* du temple, la porte Bab-er-Roumia, de grandes citernes, une nécropole romaine (cippes), un édifice rectangulaire au milieu d'une enceinte demi circulaire, qui pourrait être considéré comme un petit temple, et à l'ouest les nombreux regards de l'aqueduc de la source du nord et des citernes; plus loin, sur la colline, un tombeau romain en ruines. Reprenant le chemin indiqué en pointillé, nous rentrons dans Dougga en laissant à notre droite les ruines d'une abside trilobée d'époque chrétienne, celles de quelques mausolées et des pans de murs. A l'entrée du village, nous nous arrêtons pour remonter le long des murs byzantins, puis nous rentrons à Dougga, et en laissant à notre droite la maison de Lecheb, où se voient un bas-relief néo-punique, un bas-relief libyque et une porte romaine, nous nous dirigeons vers le temple dont on aperçoit le fronton et les six colonnes au-dessus des terrasses des maisons. De là, nous revenons au point où nous sommes entrés dans Dougga ; nous suivons pendant quelque temps le mur de fortification jusqu'aux thermes et à la source du sud, puis nous descendons à travers les jardins jusqu'au mausolée punique et à la nécropole punique. Vers l'est, nous relevons les restes très reconnaissables d'un arc de triomphe, qui de ce côté servait de porte à la ville, et nous remontons ensuite vers Dougga à travers les oliviers, au milieu desquels surgissent de tous côtés des pans de murs, et s'ouvrent des constructions dont les voûtes effondrées sont béantes à nos pieds.

§ 2. — ÉDIFICES ANTÉRIEURS A LA CONQUÊTE ROMAINE ET MONUMENTS DE CETTE ÉPOQUE.

1° *Dolmens*[1] (fig. 65). — Ces dolmens se trouvent en dehors de enceinte fortifiée, plusieurs près de l'angle nord ouest de cette en-

Fig. 65. — Dolmen à Dougga.

ceinte, d'autres au delà du stade. Ils consistent en larges pierres posées au-dessus d'un espace vide limité par d'autres pierres analogues posées debout. Je les signale après M. Marius Boyé, qui est le premier à les avoir mentionnés. Il est fort possible que ces dolmens ne datent que de l'époque punique, car il est probable que malgré l'établissement des Phéniciens en Afrique, les autochtones auront conservé leurs traditions relatives au mode de sépulture, et que même

1. Pour plus de simplicité nous nommerons *dolmens* ces sépultures mégalithiques, sans pour cela prétendre pour ces monuments à la moindre analogie d'origine avec les monuments semblables existant en France.

après l'occupation carthaginoise, cette tradition se sera maintenue, de même que par exemple, de nos jours en Océanie, la fabrication des outils et des armes de pierre se poursuit encore traditionnellement et parallèlement aux travaux enrepris par les colons européens avec toutes les ressources de la civilitsation moderne. Je n'ai pu les fouiller, faute de ressources suffisantes ; néanmoins je donne une vue des deux dolmens à l'angle nord-ouest de la citadelle. Celui de droite a été mutilé, car la dalle de recouvrement a été brisée Celui de gauche est intact.

2° *Fortifications.* — Une partie du flanc nord de l'acropole sur les rochers à pic est construite en gros blocs réguliers de forme parallélipipédique rectangle ; ces blocs sont d'une assez grande dimension, et contrairement aux autres matériaux employés dans la construction des murs de Dougga qui sont taillés généralement avec soin, ceux-ci sont seulement dégrossis comme par éclats. L'aspect fruste de ces matériaux me porte à y voir des murs antérieurs à la conquête romaine, postérieurs à la construction des dolmens, mais antérieurs à la construction du mausolée punique, dont les matériaux sont taillés avec une si grande perfection. Ces fortifications auraient donc appartenu à la forteresse prise par Archagate, fils d'Agathocle.

Fig. 66. — Stèle d'époque punique, maison Lecheb.

Fig. 67 — Stèle d'époque punique, trouvée près du mausolée punique.

3° *Stèles libyques.* — Dans la maison de Lecheb nous trouvons incrusté dans le dallage un fragment de stèle de 0m,40 de large (fig. 66) ; deux autres fragments ont été reconnus auprès du mausolée punique, à 5o mètres environ en contre-bas de ce monument. Voici un croquis du plus intéressant de ces fragments (fig. 67).

Le premier fragment (fig. 66) consiste en une stèle de pierre dont la face légèrement défoncée présente en relief une figure humaine tenant les bras élevés au-dessus de la tète et les mains jointes, le tout traité d'une façon très barbare. Je le rapprocherai des fragments que j'ai décrits dans un rapport précédent. (*Rapport de* 1882, fig. 362, nos 7-8.)

Le second fragment (fig. 67) est la partie supérieure d'une stèle en pierre. Le haut de la stèle se termine en demi-cercle; dans un faible enfoncement on a réservé en relief une figure humaine dont la tête et le haut du torse subsistent seuls, très grossièrement indiqués.

En comparant ces fragments avec les monuments de la basse époque romaine que nous connaissons, nous ne pouvons que les trouver essentiellement différents de ceux-ci : le faire absolument primitif de ces fragments nous porte à les croire de l'époque punique, et à les attribuer à cette population libyque qui peuplait tout le massif montagneux de l'Afrique du nord.

4° *Mausolée punique* (fig. 68). — Ce monument remarquable n'était connu jusqu'ici que par des croquis de Catherwood, croquis à petite

Fig. 68. — Vue du mausolée punique; état actuel

échelle, et des dessins de Bruce qui n'avaient pas été mis au net et qui sont restés à l'état d'esquisse[1]. J'en donne ici de nombreux dessins : l'ensemble des faces ouest et sud[2], les mieux conservées, montrant l'état actuel du monument; une vue de la face est montrant le détail de l'intérieur bouleversé; l'ensemble donné par Bruce; le détail du

1. L. Playfair, *Travels in the footsteps of Bruce*
2 Le monument est orienté exactement nord-sud-est-ouest.

chapiteau de l'ordre inférieur des pilastres d'angle ; le chapiteau ionique des colonnes du premier étage ; vue perspective, d'après Bruce

Fig. 69. — Face ouest du mausolée punique.

A Étage supérieur — B. Corniche — C Colonne. — D. Chapiteau du soubassement
F. Fausse-porte. — GG' Gradins — H Corniche de soubassement.

et Catherwood ; les plans à différents niveaux ; une élévation d'ensemble et les détails des deux statues et des bas-reliefs.

Le monument dans son état actuel (sur la face ouest qui est le mieux conservée) présente un soubassement carré [1], décoré sur ses

1. Il mesure 6m.26 sur 6m,3o. On peut attribuer cette différence de 4 centimètres à une dislocation produite par la démolition brutale operée par les Arabes de S. Th. Reade.

faces d'une fausse fenêtre dans l'axe. Ce soubassement repose sur six
gradins de 0ᵐ,42 de hauteur en moyenne. La base du soubassement
est une plinthe surmontée d'un talon renversé et d'une seconde plinthe.
Des pilastres surmontés de demi-chapiteaux à volutes décorent les
angles de ce soubassement. Son entablement se compose d'une architrave unie surmontée d'une corniche peu saillante consistant en
un larmier et un talon surmonté d'un listel. Trois gradins surmontent
cette corniche au-dessus de laquelle s'élèvent une portion de l'étage
supérieur, la partie de l'angle à droite et la partie du milieu ; l'in-

Fig 70. — Face sud du mausolée punique

tervalle est le logement d'une des colonnes engagées d'ordre ionique
pont les fûts sont tombés à terre, devant cette face. Parmi ces décombres, on trouve des morceaux de l'entablement supérieur et des
piédestaux placés aux angles de la pyramide qui surmontait l'édifice.
Devant la face sud, mêmes débris, corniche, etc. Un bas-relief représentant un quadrige s'y trouve aussi, ainsi qu'au bas de la face nord.
Devant la face est, fragments de la porte du premier étage, et trois
chapiteaux ioniques de l'ordre de cet étage, à 5 mètres de l'angle sud-
ouest. Grand fragment de statue ailée. à 28 mètres au sud-sud-ouest de
cette facade sud, grand fragment de statue sans tête et chapiteaux de
l'ordre ionique du premier étage. La vue prise sur la face est montre
une partie des chambres intérieures. Je la donne ci-dessous d'après

Fig. 71. — Face est du mausolée punique.
BB'. Traces de crampons. — F. Fragment de porte à coulisse.

Fig. 72. — Vue perspective du mausolée de Dougga d'après Bruce.
A. Pierres d'angle portant l'indication des gradins. — C. Corniche. — D. Bases.

Bruce, qui a vu le monument encore presque intact sauf le couronnement.

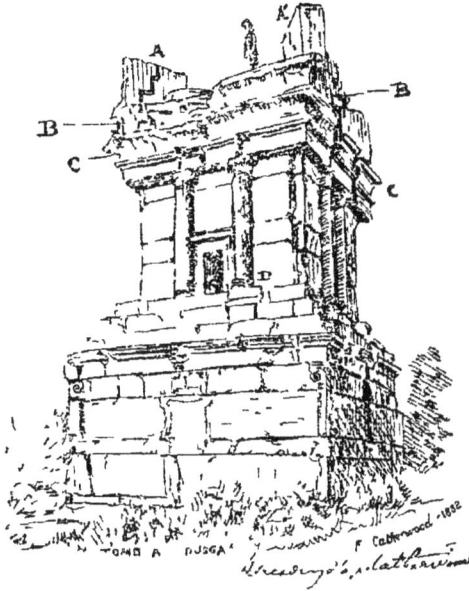

Fig. 73. — Vue perspective du mausolée de Dougga d'après Catherwood[1].

1° Historique sommaire des recherches sur ce monument[2].

La première fois que ce monument fut signalé à l'attention du monde savant, il passa, pour ainsi dire, inaperçu, puisque depuis que Thomas d'Arcos en 1631 eut envoyé une copie de l'inscription bilingue[3] à Peiresc, on demeura jusqu'en 1815 sans s'occuper de ce monument. Camille Borgia en fit alors une nouvelle copie. Deux autres ont été faites par sir Greenville Temple et Honnger et publiées par Gesenius. La dernière a été faite sur un estampage pris sur l'original qui est déposé au British Museum et publiée par V. Guérin, *Voyage archéoolgique dans la Régence de Tunis*, en 1862.

La traduction de Gesenius est celle-ci :

Cippus Maolanii filii Jophi-schat
filii regis
Harb-schema filii Schoter Aram

---

1. B, erreur dans ce dessin de la corniche que Catherwood a doublée. Le croquis de Bruce (fig. 72) montre qu'il n'en était pas ainsi.

2. Playfair, ouvr. cité, *passim*.

3. En punique et en libyque.

principis filii Aam filii-Jophi
schal filii regis
filii Abd-Mokarti
Schalgi filii Carsachal
quum intro abiisset in domum plenam
et esset luctus ob memoriam sapientis
viri instar adamantis, qui tulit
omnis generis calamitatis, quum esset
viduus matris meae
qui erat fons pellucidus, nomen
purum a fascinore. Extruxit in
pietate filius patri.

Cette inscription était gravée sur la face est du monument, sur

Fig. 74. — Mausolée à Henchir Dourât.

l'assise qui comprend les chapiteaux des pilastres et qui a 0^m,52 de haut, c'est-à-dire une coudée, à très peu de chose près. On n'a qu'à examiner la restitution de l'ensemble pour se rendre compte de la destruction actuelle du monument : toute la face est a dû être démolie pour qu'on puisse en arracher l'inscription.

Playfair raconte qu'il a trouvé à Dougga des gens du village qui

1. Playfair (*ouvr. cité*) rapproche ingénieusement ce monument du Medreçen en Algérie, qui possède, lui aussi, un ordre grec et une corniche égyptienne et porte ainsi le caractère de l'art phénicien.

ont assisté à cette démolition barbare et qu'ils lui ont décrit la façon
dont le mausolée a été démoli pierre par pierre, à coups de levier pour
arriver enfin à dégager l'inscription bilingue. Playfair ajoute avec
raison que, même quand il s'agirait d'enrichir un grand musée pu-
blic, comme le Louvre ou le British Museum, un pareil acte de
vandalisme ne serait pas admissible, et par conséquent on ne saurait
assez blâmer S. Th. Reade d'avoir commis une destruction aussi
inutile dans le but d'enrichir sa collection particulière, d'autant plus
qu'un estampage fait avec soin aurait largement suffi. A la mort de
S. Th. Reade sa collection fut vendue et l'inscription bilingue fut
acquise à cette vente, en 1852, par le British Museum, où elle est encore.

On doit d'autant plus déplorer la démolition partielle de cet intéressant monument que jusqu'ici c'est le seul monument de « physionomie » franchement punique qui soit resté debout dans la Régence
(MM. Cagnat et Reinach ont découvert en 1884 à Aïn-Dourat[1] un
mausolée inachevé (fig. 74) qui me paraît devoir être attribué à
l'époque punique.

L'opinion, exprimée par Playfair, que ce monument semble avoir
été élevé en l'honneur d'un Numide et non d'un Carthaginois, s'appuie
sur ce que l'inscription lybique est d'un travail beaucoup plus soigné
que la punique, qui semble d'ailleurs en être la traduction. Nous
ne croyons pas que cette raison suffise, en présence de noms d'un
caractère aussi franchement sémitique que ceux énumérés plus haut.

Seulement n'est-il pas possible que le graveur de Dougga ait été
d'origine berbère et non pas phénicienne, de même que nombre
d'artisans employés par les Carthaginois[2], ce qui expliquerait suf-

---

1. L'architrave de ce monument ressemble à celle du mausolée punique de
Dougga : de plus les pilastres du soubassement sont semblablement placés et
il serait facile, comme le montre le croquis A, d'inscrire dans l'épannelage du
chapiteau de ce pilastre un chapiteau à double volute comme celui de Dougga.

2. On sait que les Sémites n'ont généralement pas eu de véritables artistes
de leur race, dans les arts plastiques. Les Juifs et les Sémites de Syrie ont
imité, à tour de rôle, les Egyptiens (monument de Selwan [Siloé], Clermont-
Ganneau, *Arch. des Missions*, t. XI, p. 217) ; les Egyptiens et les Grecs à la
fois (tombes dites de Zaccharie et d'Absalon) ; les Grecs (monuments de l'époque
d'Hérode), pour arriver à l'époque romaine à subir l'influence romaine dans
toute sa force. On sait les emprunts que les Arabes ont faits aux arts byzantins : leurs premiers architectes ont été des chrétiens (mosquée de Touloun,
au Caire) et ce sont certainement des architectes syriens de religion chrétienne
qui ont inventé et développé l'architecture arabe, au moins dans les deux
premiers siècles de l'hégire. Nous n'avons pas à rappeler les nombreux emprunts faits par les Phéniciens à l'art de l'Egypte et de l'Assyrie et plus tard
à l'art asiatique et à l'art grec.

fisamment qu'il fût plus habile à graver le libyque, sa langue maternelle, que le punique, langue officielle. On pourrait faire une comparaison analogue de nos jours avec les Arabes qui ont à écrire le français : l'arabe est la langue du pays ; le français, la langue officielle.

Quoi qu'il en soit, ce monument est d'une étude excessivement intéressante au point de vue de l'histoire et de l'art : 1° parce qu'il est actuellement le seul monument d'architecture punique encore debout sur le sol de la Régence de Tunis ; 2° parce qu'il fournit un nouveau terme dans la série des mausolées à forme carrée surmontés d'une pyramide, série qui commence aux sépultures égyptiennes de la XVIII° dynastie (fig. 75) (tombe d'Apis : Mariette, Perrot et Chipiez, fig. 190), et qui finit aux VI° et VII° siècles (tombeaux du Haourán, Dânâ, Hars, et El-Barah),

Fig. 75. — Tombe d'Apis, d'après Mariette.

série dont j'ai déjà parlé dans mon premier *Rapport de* 1882-83 (p. 222).

On sait combien nombreux sont les emprunts que l'art phénicien a faits aux arts égyptien et grec. Ici nous retrouverons ces caractéristiques bien nettement affirmées. Les caractéristiques du style égyptien[1] sont: 1° la corniche en forme de cavet ou gorge en quart de cercle,

Fig. 76. — Chapiteau à Larnaca.

surmontant une architrave formée d'une face plate terminée dans sa partie supérieure par une baguette demi cylindrique (qui est ici épannelée seulement et figure en coupe un demi-octogone). Cette corniche se retrouve non seulement dans le tombeau d'Apis cité ci-

1. On peut ajouter que, comme les mausolées égyptiens, celui-ci est exactement orienté nord, sud, est, ouest

dessus, mais dans de nombreux monuments phéniciens (corniche du tabernacle d'Amrit : — Renan, *Mission*, pl. 10 ; pilier à Gébal, *ibid.*, pl. 25 ; corniche phénicienne, *ibid.*, p. 508 ; *ibid.*, pl. 9, etc. — tombeaux de la vallée de Josaphat à Jérusalem, édicule de Siloé, etc.). Nous pouvons joindre à cette liste qui pourrait être plus longue, un autre exemple inédit de l'emploi de ce cavet ou corniche égyptienne ; c'est

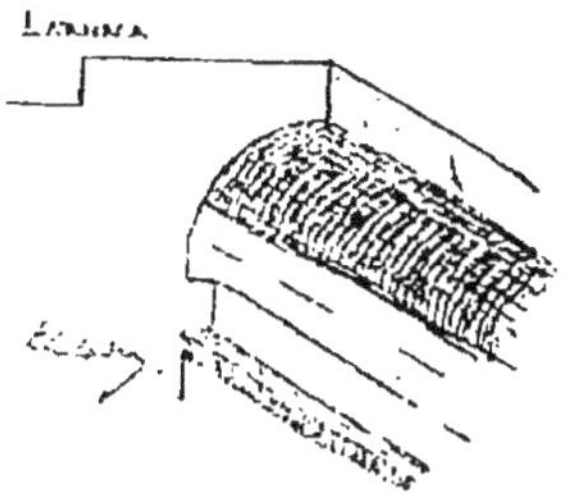

Fig. 77. — Corniche à Larnaca

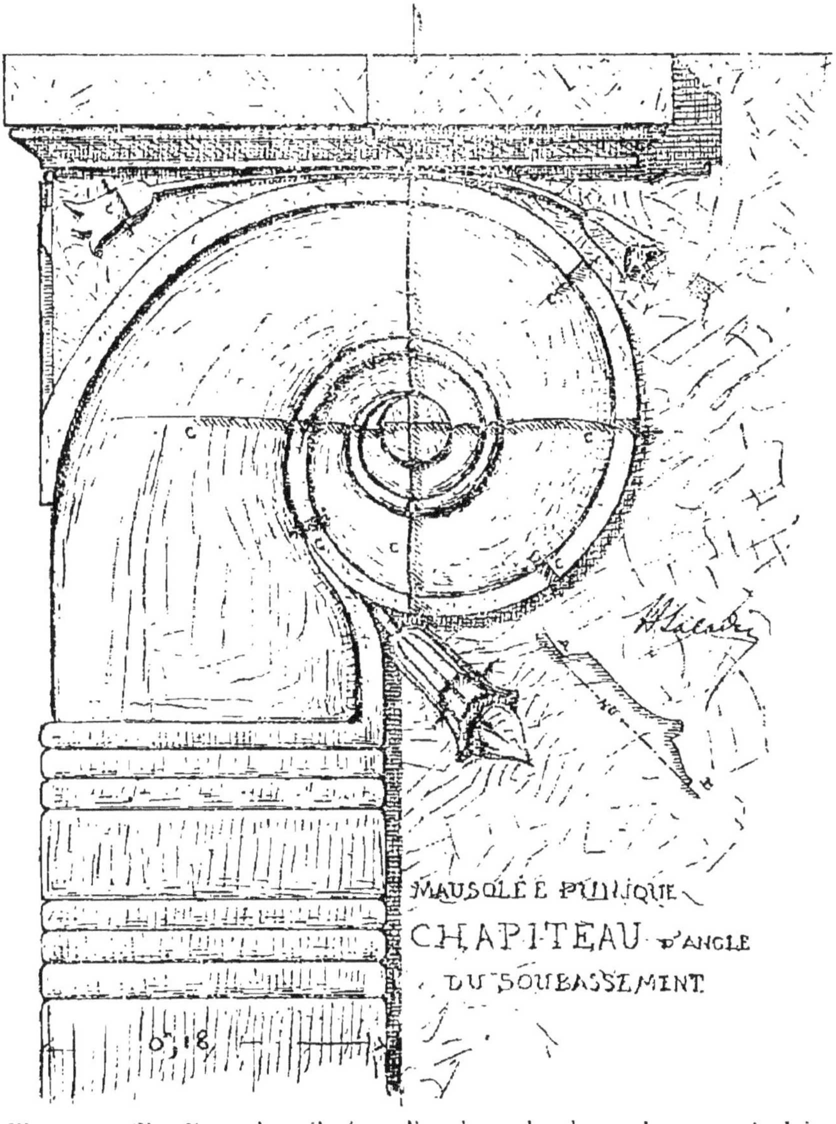

Fig. 78. — Chapiteau des pilastres d'angle, ordre du soubassement plein.
A. B. C. Coupes sur les fleurons ou les volutes.

une corniche que j'ai dessinée, dans l'île de Chypre, à Larnaca, en 1879; les fouilles que l'administration anglaise faisait alors pour enlever des matériaux afin de combler un marais voisin, avaient mis au jour de nombreux fragments appartenant à un édifice complètement démoli et bouleversé : cet édifice était d'ordre ionique, j'en donne ici le chapiteau[1] et la corniche (fig. 76 et 77).

Fig. 79. — Fragment punique au Musée de Saint-Louis à Carthage.

2° Le chapiteau du pilastre d'angle du soubassement.

En voici un dessin (fig. 78.) Il consiste en un chapiteau à volute unique sortant d'un fût lisse auquel il est, pour ainsi dire, raccordé par une double série de triples cannelures en relief figurant comme des liens et formant astragale ; la volute n'a que deux spires, et près de l'astragale, se raccorde par une inflexion qui rappelle certaines palmettes et antéfixes de l'art grec archaïque[2] ; en trois points s'échappent des fleurons à moitié épanouis, dont un ressemble à des boutons de lotus, et deux à une fleur de lotus presque ouverte et de sentiment tout à fait égyptien. Imaginons le pilastre déplié suivant son axe (fig. 80), de façon à ce que les plans des volutes et des faces se confondent, comme le montre la figure ci-contre. n'aurons-nous pas un motif absolument semblable comme esprit aux exemples qui l'accompagnent? Le premier de ces dessins (fig. 79) est emprunté à un petit monument punique que j'ai dessiné au Musée de Saint-Louis à Carthage, un cippe (fig. 84 et 85) que possède le même Musée semble être une réduction de soubassement du mausolée punique de Dougga ; le second est composé des deux fleurs de lotus accolées (fig. 81) que je

1. Ce chapiteau a été déjà publié par MM. Perrot et Chipiez dans leur *Histoire de l'Art* (t. III, p. 24, fig. 198).
2. Cf. *Supplementary to the antiquities of Stuart and Revell*, by Cockerell, Kinnard, Donaldson, Seium W. Railton, Londres, 1830, vol. IV, fig. C et D, page 13, athémion formant antéfixe, les antéfixes du temple de Jupiter à Egine et surtout celles du Parthénon.

rappelle ici et qui est tirée d'un sarcophage égyptien. — Dans les

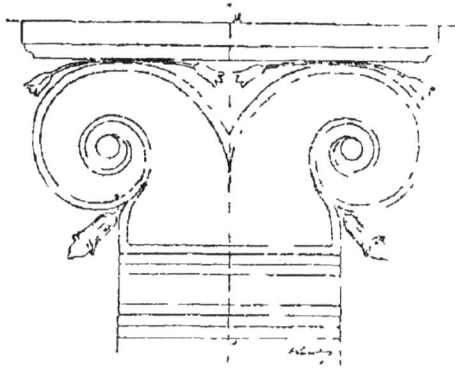

Fig 80. — Figure théorique du chapiteau
du soubassement du mausolée.

Fig. 81.

chapiteaux de Dougga les fleurs de lotus sont traitées dans un esprit

Fig. 82. — Chapiteau ionique trouvé à Néandreia.

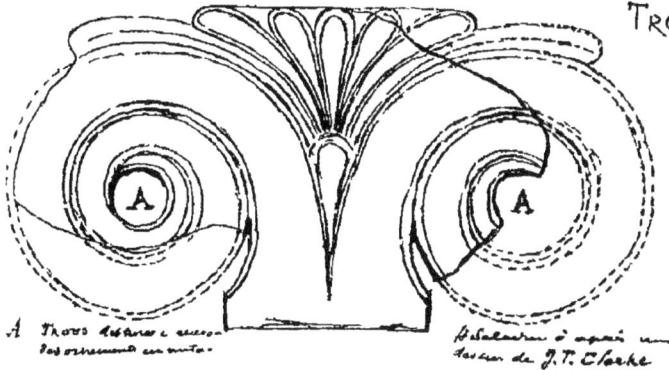

peut-être un peu plus réaliste que les sculptures égyptiennes, mais,
à coup sûr, cette indication de liens formant astragale[1] est bien caractéristique (on la rencontre du reste sur de nombreuses colonnes

[1] On peut rapprocher de ce chapiteau de pilastre, deux autres chapiteaux
cypriotes dont l'un est au Louvre et l'autre au Musée de New York (Perrot et
Chipiez, t. III, fig. 51 et 152). Pliés suivant leur axe vertical, ils représentent
à peu près l'aspect du chapiteau de Dougga, cependant celui de la figure 152
montre bien le commencement de l'influence grecque (palmettes aux angles
supérieurs). Il en est de même du chapiteau ci-joint (fig. 82) trouvé à Néandreia et publié par J. Clarke du petit chapiteau que j'ai dessiné au Musée
de Girgenti en 1882 et qui décore une petite vasque en pierre d'époque
grecque (fig. 83.)

égyptiennes). Nous retrouverons ensuite les moulures de l'architrave et de la corniche qui surmontent cet ordre, dans un des *meghâzil* d'Amrith (Renan. *Mission*, pl. 16, 17), etc.

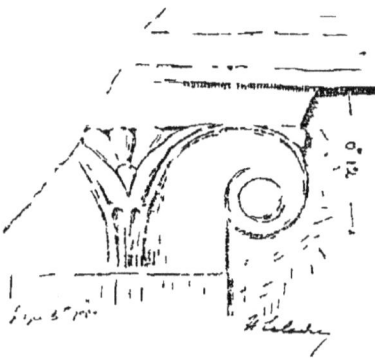

Fig. 83. — Fragment tiré du Musée de Girgenti.

L'influence grecque se manifeste :

1° Par ces moulures qui, ici comme à mrith, ne sont autres qu'un talon surmonté d'un listel.

2° La disposition de l'appareil qui peut être considérée comme une variété du ψευσισόδομον puisque les assises hautes et les assises basses alternent ; les joints sont traités avec la perfection particulière aux œuvres grecques. Cet appareil se remarque également dans le soubassement et dans l'étage supérieur.

3° Les détails de l'ordre supérieur (fig. 86). Les chapiteaux sont

Fig. 84. — Cippe punique au Musée de Saint-Louis, à Carthage.

Fig 85 — Détail du chapiteau d'angle du cippe précédent.

d'ordre ionique et d'un sentiment très élégant ; la moulure de l'abaque porte un rang d'oves ; sous le canal, un rang d'oves décore l'échine du chapiteau, soutenue par une astragale formée de perles et de pirouettes. J'ai remarqué avec surprise que ces perles et pirouettes sont traitées avec un sentiment tout particulier, où je retrouve le caractère des ornements de même nature que j'ai dessinés, en 1882, au Musée de Palerme, d'après les fragments de terre cuite peinte provenant de Sélinonte. Les oves sont bien grecs de sentiment, les spires de la volute sont creusées suivant une courbe très aplatie, la spirale est formée par l'intersection de deux courbes voisines ; les palmettes qui raccordent l'angle du canal et des volutes avec la surface supé-

Fig. 86. — Chapiteau ionique des colonnes du 1er étage du mausolée punique de Dougga.

rieure de l'échine sont remplacées, dans un autre de ces chapiteaux, par une sorte de gousse large en son milieu et effilée à la pointe. L'œil de la volute est assez grand et n'est pas terminé comme le reste du chapiteau ; il est probable que l'on aura conservé à cette partie son état rugueux afin que la décoration, probablement en stuc, qui y était appliquée, y fût plus adhérente. Sous le chapiteau, le fût est lisse sur une longueur de $0^m,20$ environ, le fût cannelé venait s'y appliquer, les cannelures butant directement sur le plan formé par la section inférieure du chapiteau (comme dans l'ordre du tombeau dit de Théron, à Agrigente). De cette façon, les cannelures se terminent

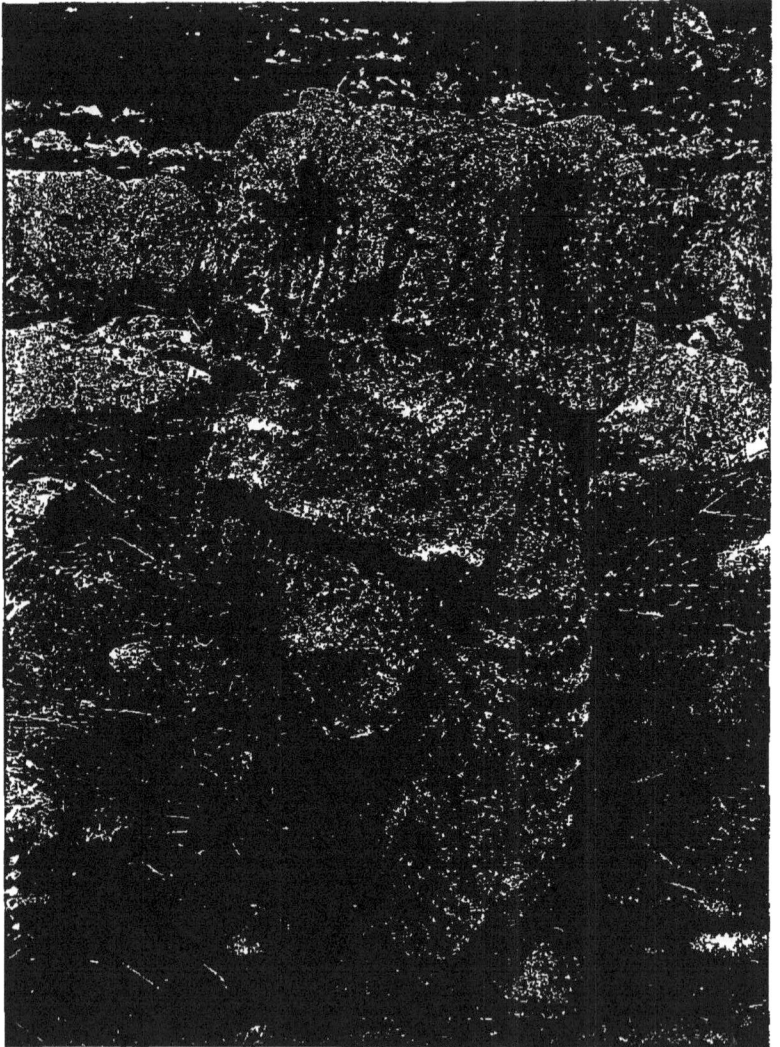

Fig. 87. — Vue des statues du mausolée punique de Dougga, face.

dans leur partie supérieure par un plan perpendiculaire à leur axe, et, dans leur partie inférieure, part un raccord en quart de sphère. Ces colonnes étaient légèrement diminuées et avaient douze cannelures, donc une arête dans l'axe, ce qui est une exception aux règles généralement adoptées. Je n'ai pu retrouver aucune des bases, je les ai restituées dans mon essai de restauration, au moyen du croquis donné par Bruce (Playfair, *Travels on the footseps of Bruce*).

4° Les gradins peuvent aussi être considérés comme un élément particulier à l'art grec, ou plutôt asiatique; ils sont fréquemment employés dans les édifices funé-raires en Asie Mineure et en Grèce·

5° Les petits cavaliers qui sur-montaient (probablement) les quatre piédestaux ou socles disposés sur la corniche de l'étage supérieur' suivant les diagonales du plan de l'é-difice; sur la surface latérale de ces socles on remarque l'indication en creux des gradins de la pyramide supérieure. Ces statues étaient au nombre de quatre. Nous avons trouvé en outre deux des quatre statues qui couronnaient probable-ment l'édifice (fig. 87 et 88). Ces statues, dont je donne un dessin et une photogravure, sont, comme on le remarquera, d'un travail assez lourd. Elles sont néanmoins très intéressantes, en ce qu'elles portent au plus haut point le caractère d'une œuvre grecque. L'arrangement des draperies sur la poitrine et la cein-ture indique un costume grec, le

Fig. 88. — Vue des statues, profil.

πεπλός. Ce vêtement était relevé sur la jambe droite, qui paraît nue jusqu'au milieu de la cuisse. Cet arrangement est traduit avec mala-dresse. Le haut du bras gauche, près de l'épaule, était orné d'un bracelet en relief; l'avant-bras, replié sur la ceinture, tandis que le bras gauche, légèrement infléchi, pendait le long du corps. Ces figures de femmes sont ailées, et, chose singulière, dans ces deux statues, la partie inférieure de l'aile droite est dessinée d'une façon naturelle, tandis que, sur le côté gauche, cette partie est coupée par une ligne inclinée (probablement suivant la pente du pyramidion supérieur). On peut rapprocher ces figures, comme style, des métopes du plus récent des temples de Sélinonte. Les têtes de ces statues manquent, ainsi que les mains et la partie inférieure des figures. On voit que ces statues ont une physionomie plutôt archaïque, qui s'accorde, d'ailleurs, avec ce que nous allons remarquer au sujet du bas-relief que je vais décrire.

Ce bas-relief, qui représente un quadrige monté par deux person-

Fig. 89. — Bas-relief : quadrige.

nages (dont les têtes sont très mutilées), traîné par quatre chevaux au galop, allant vers la droite, sont dans un état déplorable de dégradation ; exposés à la pluie et à toutes les intempéries, ils sont

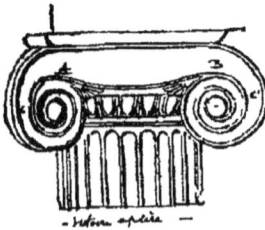

Fig. 90. — Chapiteau ionique du temple de la Victoire Aptère (Athènes).

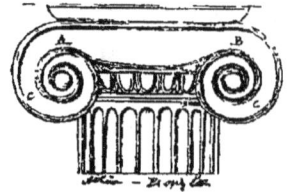

Fig. 91. — Chapiteau ionique des Propylées de l'Acropole d'Athènes

recouverts d'une épaisse couche de lichens de toutes couleurs, jaunes, gris et noirs, qui les défigurent complètement ; je puis néanmoins, grâce à une photographie que j'en ai faite, en donner une idée exacte. Les chevaux sont traités avec assez de liberté et de mouvement, les

encolures, un peu épaisses, sont garnies d'une crinière très courte ;
le char qui contient deux personnages, et les personnages eux-mêmes
sont d'un travail assez sommaire, autant qu'on peut en juger par
l'état actuel du bas-relief. Je n'ai pas besoin de faire ressortir ici
la ressemblance de ce bas-relief avec celui qu'on a récemment trouvé
au Pirée, avec la métope trouvée par Schliemann à Troie et les
nombreuses répliques connues de ce motif classique.

Il serait très intéressant de chercher à déterminer la date de ce
monument au moyen des indications provenant des analogies avec
des monuments de style semblables. Et, d'abord, au point de vue

Fig. 92. — Chapiteau ionique
du temple de Minerve Poliade
à Priène.

Fig. 93. — Chapiteau du temple
d'Apollon Didyme
à Milet.

architectural, posons un principe qui résulte, pour l'ordre ionique
grec, d'une observation facile à faire :

Plus un ordre ionique remonte à une époque reculée, et plus la
courbe de la ligne AB, qui limite le canal cc' du chapiteau, s'infléchit
et se creuse ; plus la date est relativement récente, plus cette ligne tend
à se rapprocher de l'horizontale et à devenir parallèle à la ligne supérieure de l'échine. Nous en trouvons l'application dans quatre exemples
familiers à tous ceux qui s'occupent d'archéologie monumentale :

L'ordre ionique : de la Victoire Aptère (vers 465, à Athènes) (fig. 90).

L'ordre ionique : des Propylées (de 437 à 432, à Athènes) (fig. 91).

L'ordre ionique : des temples de Minerve Poliade, à Priène (430)
(fig. 92).

L'ordre ionique : du temple d'Apollon Didyme, à Milet (premières années du IVe siècle) (fig. 93).

Je vais appliquer ce principe à l'étude de l'ordre ionique de Dougga.

Je vais donc fixer deux termes entre lesquels sera placé notre
ordre. Un terme auquel il sera antérieur, ce sont deux mausolées de
la vallée de Josaphat, à Jérusalem, tombeaux dits d'Absalon et de
Zacharie [1] ; ces monuments, comme le mausolée de Dougga, possèdent

[1]. J'en donne ici deux croquis que j'ai faits en Palestine dans l'automne
de 1879.

un ordre ionique grec et une corniche égyptienne, celui dit de Zachari
(fig. 95) se rapproche plus encore de celui de Dougga, en ce qu'il es
couronné par une pyramide (il est vrai que celle-ci est sans degrés)

Fig. 94. — Tombeau dit d'Absalon à Jérusalem.

Examinons les chapiteaux : dans les deux ordres nous retrouvons la
ligne inférieure du canal parallèle à la ligne supérieure de l'échine
(partie où sont les oves). Je pense que ces deux monuments ne peuven
pas remonter au delà des Lagides ; ils portent (quant aux parties de
style grec) la marque des productions grecques de l'Asie Mineure de
l'époque d'Alexandre. Les Lagides, en effet, étendirent leur domination sur la Judée, depuis Ptolémée Soter jusqu'à Ptolémée Philopa-
tor, dont les persécutions firent passer la Judée sous la domination

des princes syriens. Cette hypothèse me paraît satisfaisante pour une raison, c'est qu'il est encore tout naturel de trouver cette influence égyptienne persister parallèlement avec une inspiration grecque, à une époque où s'étend sur la Judée la domination d'une dynastie grecque régnant en Égypte. Nous ne pouvons faire remonter ces monuments à une époque antérieure, les Grecs n'ayant point eu de rapports réellement importants avec la Judée qu'après le règne d'Alexandre (occupation de la Judée, 332 av. J.-C.). — Les caractères archéologiques des chapiteaux sont à considérer, et à comparer à ceux d'Apollon Didyme, à Milet. — Il n'y a pas non plus à les attribuer à une époque

Fig. 95. — Tombeau dit de Zacharie à Jérusalem

postérieure à l'occupation romaine, car les antes, avec leurs chapiteaux, dans lesquels sont engagées les colonnes d'angle, sont des membres d'architecture essentiellement grecs. Les Romains n'auraient pas manqué d'y mettre des chapiteaux de pilastre d'ordre ionique, c'est-à-dire des chapiteaux semblables à celui de la colonne, comme nous en avons vu un fragment, à Lamta, en 1882.

Le second terme auquel il sera postérieur est un chapiteau d'ordre ionique que j'ai dessiné, à Chypre, en 1879 et que j'ai donné plus haut (fig. 76).

Ce chapiteau ionique a été déjà publié dans l'*Histoire de l'Art* de MM. Perrot et Chipiez[1] ; la ligne inférieure du canal est fortement incurvée et le tailloir rudimentaire se confond avec la ligne supérieure de ce canal. Aux extrémités qui devraient former les angles du tailloir sont deux palmettes, l'échine n'a pas de ligne supérieure mais pénètre sous le canal et les coussinets; les angles curvilignes

1. Perrot et Chipiez, tome II, p. 263 264, fig. 198.

qui seraient vides sont remplis par des palmettes. (On remarquera
l'analogie de la masse de cette partie inférieure avec la partie inférieure du chapiteau ionique que nous avons trouvé à Djezza[1] en
Tunisie, M. R. Cagnat et moi. Cf mon *Rapport de* 1882, p. 210,
fig. 348. — Dans ces deux chapiteaux de Larnaca et de Djezza, la colonne doit avoir nécessairement un diamètre beaucoup plus petit que
la distance diamétrale entre les verticales tangentes intérieurement à
l'œil des volutes.)

Le fragment de corniche de l'édifice auquel appartenait ce chapiteau est un large cavet surmontant un listel, au-dessus d'une architrave ; — voilà donc les deux éléments l'un grec, l'autre égyptien,
comme à Dougga et à Jérusalem. — Ce monument doit être certainement d'une époque antérieure au temple de la Victoire Aptère, c'est-à-
dire à la deuxième moitié du ve siècle. — Nous voilà donc pour l'ordre
de Dougga limités entre le ve et la fin du iiie ou le commencement
du ive. Un autre élément d'appréciation nous sera fourni par le caractère de la sculpture des statues et des bas-reliefs. Mais il faut tenir
compte de deux circonstances qui pourraient nous les faire reporter à
une époque plus reculée que leur date réelle. Leur aspect est archaïque ;
nous serions donc tenté de les attribuer, pour cette raison, à une époque antérieure au ve siècle, mais leur archaïsme apparent peut s'ex-
pliquer par deux raisons :

1° L'école sicilienne, qui a eu incontestablement une très grande
influence à Carthage et y a modifié les traditions égyptiennes ou s'y
est melangée. a gardé longtemps, en tant que colonie dorienne, les
traditions archaïques des premières écoles de sculpture grecque.

2° Les artistes qui travaillaient à Dougga ne devaient pas être
choisis parmi les plus habiles[2] sculpteurs (et nous en avons la preuve
par la grossièreté de la sculpture). Or il est un fait général et facile à
remarquer : les artistes médiocres ou très médiocres, surtout les sta-
tuaires, sont toujours en retard de plus de vingt ans sur le mouvement artistique de leur époque, quand ce retard n'est pas beaucoup
plus considérable. Canova n'a-t-il pas eu longtemps des imitateurs
alors que le style du Premier Empire était complètement abandonné
comme architecture ?

1. Perrot et Chipiez, *Hist. de l'Art*, p 50, tome III.
2. Ne voyons-nous pas journellement, dans les travaux exécutés en province.
combien de monuments conçus avec habileté, bien traités sous le rapport de
la mouluration et des profils, perdent une partie de leurs qualités par la façon
deplorable dont la sculpture a été traitée par un sculpteur de deuxième
ordre, arriéré et maladroit.

Nous croyons donc devoir attribuer le mausolée de Dougga à une époque à peu près contemporaine de la fin du v⁰ siècle ou du commencement du ıv⁰.

Il ne nous reste plus maintenant qu'à tenter de rétablir le dessin d'ensemble du monument en nous aidant des parties encore debout, des fragments existants, des dessins de Bruce et de Catherwood exécutés avant la destruction du mausolée, et enfin des analogies tirées des monuments funéraires composés sur des données à peu près semblables.

Nous venons de faire, pour ainsi dire, l'analyse des parties constitutives du monument, nous allons maintenant en analyser les ensembles encore debout, c'est-à-dire le soubassement, puis par comparaison, nous compléterons les parties incomplètes du premier étage et enfin à l'aide des fragments existants nous essayerons de reconstituer le couronnement et de rétablir l'ensemble du monument en élévation. — Les plans de Bruce et la coupe qu'il a donnée nous permettront de reconstituer, par la pensée, la coupe et de tirer de la comparaison du résultat obtenu, avec les mausolées phéniciens, une déduction intéressante. Telle sera la dernière partie du travail que nous avons fait sur ce mausolée. L'étude aurait été certainement plus complète et je puis le dire définitive, si j'avais eu à ma disposition les ressources, les instruments et le personnel indispensables pour entreprendre des fouilles et en retirer des résultats scientifiquement complets.

3⁰ **Restitution du mausolée de Dougga** (fig. 100).

Les dessins de Bruce et de Catherwood dont j'ai donné plus haut une reproduction (fig. 72 et 73) nous montrent le monument sous l'aspect suivant :

Soubassement carré composé de six gradins.

Étage inférieur décoré de pilastres ioniques et de fenêtres feintes sur les faces sud, ouest, et nord; sur la face est cette fenêtre formait une ouverture par laquelle on pouvait s'introduire dans l'intérieur du monument (d'après la coupe de Bruce dont j'ai parlé plus haut). L'étage supérieur comprend une disposition analogue, avec plus de richesse dans la décoration. Il repose sur trois gradins et forme un massif sur plan carré décoré d'un ordre ionique et de colonnes engagées. Aux angles, les points d'appui ont été enlevés; pilastres ou colonnes d'angle ne sont indiqués ni dans le dessin de Catherwood ni dans celui de Bruce. Ces colonnes ont peut-être servi à décorer l'intérieur de la petite mosquée de Dougga (dans laquelle je n'ai pas pu pénétrer) ou d'une des maisons arabes du village. Elles étaient d'un transport assez facile, vu leur dimension relativement peu considérable.

Je n'ai pas retrouvé les bases de ces colonnes, engagées ou d'angle.

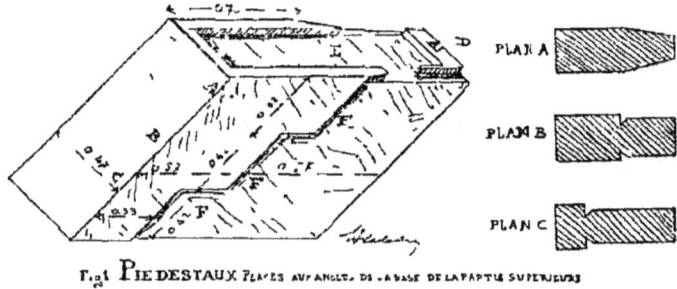

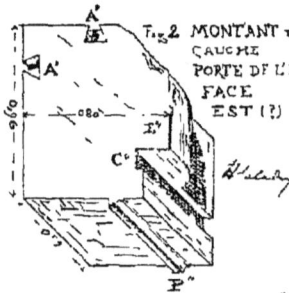

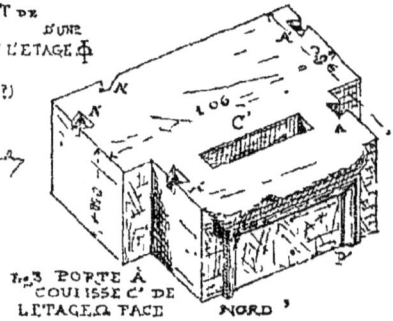

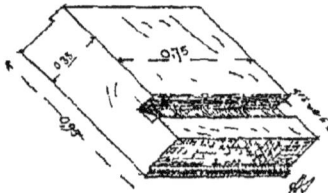

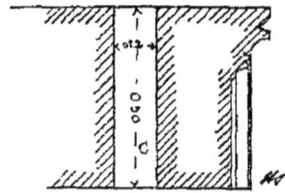

Fig. 96. — Portes et détails du mausolée.

L'inspection du plan du premier étage dans son état actuel ne permet pas de supposer avec Fergusson que les angles étaient munis d'antes avec demi-colonnes (*Hist. de l'architecture*, tome Ier): *there where probable square pilasters at the angles like that at Jerusalem* (probablement tombes d'Absalon et de Zacharie) *while the Egyptian form of the cornice is similar....*

Fergusson ajoute que, de même que le Mausolée d'Halicarnasse et beaucoup d'autres tombes analogues, le monument était terminé par des degrés formant pyramide.

Or il n'y a pas là place d'arranger à cet endroit l'amortissement angulaire des tombes de Jérusalem. Il n'y aurait place que pour un pilier d'angle carré ou une colonne d'angle. Je serais plus disposé à

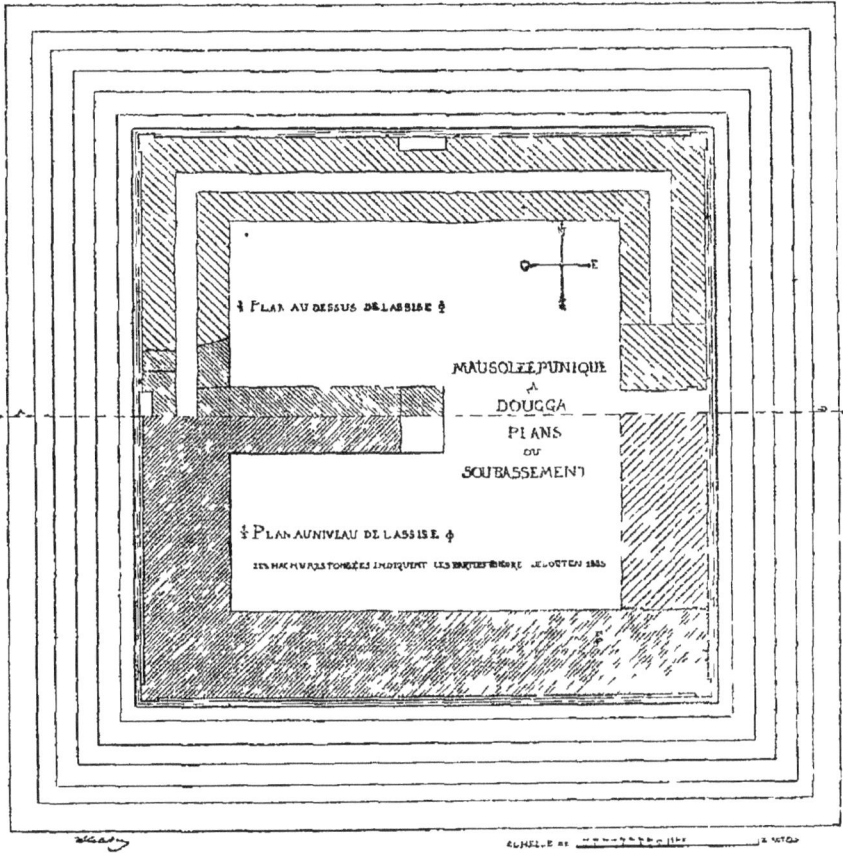

Fig. 97. — Demi-plans du soubassement restitués au niveau de l'assise F (au-dessus de l'assise Φ) et au niveau Φ (au-dessous de l'assise F).

admettre la seconde, car s'il y avait eu un pilier carré, il n'aurait pas été monolithe et aurait été appareillé avec les assises du massif du monument.

Les angles étaient donc décorés de colonnes d'ordre ionique cannelées (vingt-quatre cannelures, nombre double de celles des colonnes engagées). Nous avons un exemple d'une disposition anologue dans le tombeau de Théron cité plus haut. Seulement ici les colonnes d'angle n'étaient pas engagées, mais simplement juxtaposées contre le

monument, ce qui explique la facilité avec laquelle on a pu les enlever.
Des fouilles autour du monument en feraient certainement retrouver
les chapiteaux.

Deux portes dont les montants creusés de rainures recevaient une
dalle de fermeture dont le logement était pratiqué à travers le linteau
se voyaient sur la face nord et sur la face est [1]. Le linteau de cette
partie correspondait à l'assise basse (à peu près au milieu de la

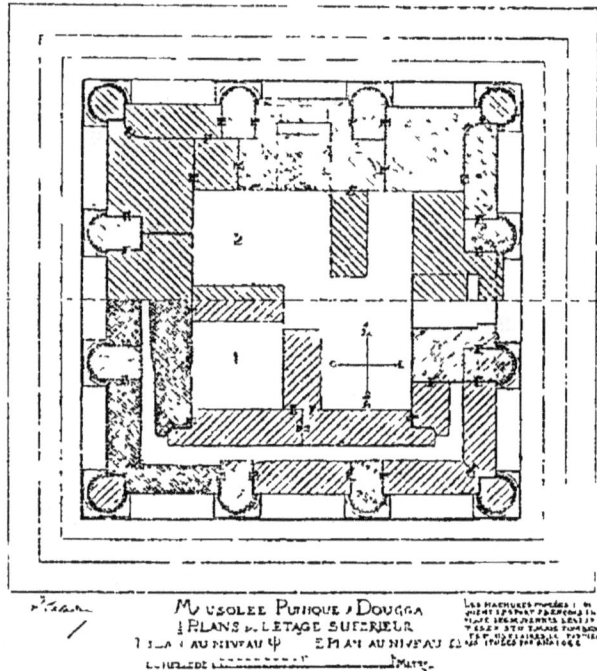

Fig. 98. — Demi-plans du 1er étage restitués au niveau de l'assise A (niveau
Ω) et au-dessous de l'assise A (niveau Ψ. fig. 69) au-dessus de la corniche,
d'après les fragments existants.

hauteur des colonnes) [2]. Je donne un dessin des fragments de ces
deux portes avec les rainures et l'ouverture dans le linteau (fig. 96).

Les colonnes engagées sont par conséquent au nombre de huit,
tombées autour du monument, mais toutes les huit entières ainsi
que les pierres qui formaient les parements de la partie supérieure,
du mausolée. — Les portes dont je viens de parler donnaient accès
dans les chambres de l'intérieur qui formaient deux étages dans
la partie inférieure et probablement aussi dans la partie supérieure
autant qu'on peut en juger par la coupe donnée par Playfair d'après

1. Playfair, ouvr. cité.
2. Assise A. fig. 69 et 70.

Bruce. Comme on peut le voir par les plans de Bruce, ces chambres sont subdivisées en cellules peu régulières. Les parements intérieurs de ces chambres sont bruts, ce qui éloigne complètement la probabilité de l'hypothèse qui leur attribuerait une destination funéraire. Ces chambres sont simplement des vides de décharge, ménagés afin

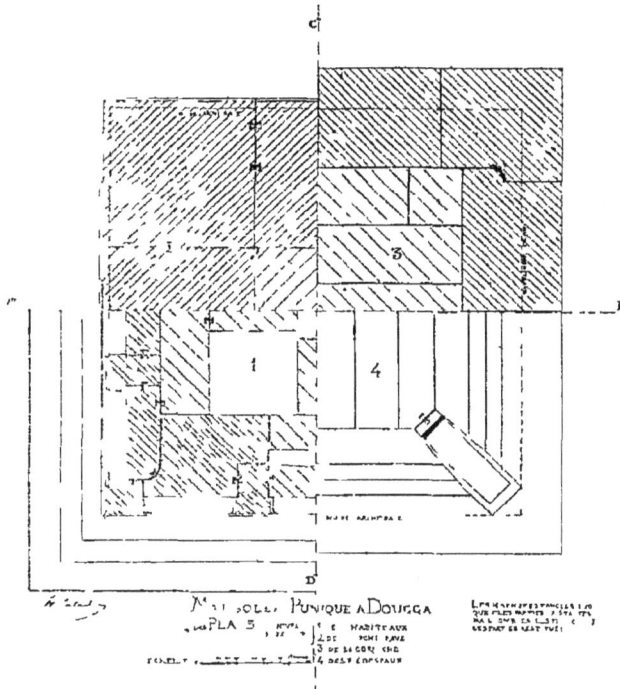

Fig. 99. — Plans par quart des parties supérieures du mausolée d'après les fragments encore existants

d'alléger la construction déjà bien lourde, et de diminuer le poids qui pesait sur les substructions inférieures. Substructions qui doivent être intactes et recéler la chambre sépulcrale dans laquelle les sarcophages des personnages enfouis sous ce monument ont dû être enfermés et ont échappé, suivant toutes les probabilités, aux recherches des dévaliseurs de tombeaux. — Revenons aux chambres de décharge : ces chambres sont partagées en compartiments par des cloisons épaisses en pierre (0^m,73) ; celle qui soutient encore une partie de l'étage supérieur est encore en place (vue de l'est, faisant voir l'intérieur A) (fig. 71)

Le premier étage était surmonté d'une architrave et d'une corniche égyptienne composée d'un seul cavet. Le croquis de Catherwood[1] donne

1. Publié par Playfair.

(fig. 73) deux cavets superposés, mais cette partie du dessin est confuse
et mal exécutée. Le dessin de Bruce (fig. 72) est bien plus clair et affirme
le contraire ; la coupe citée exclut la supposition qu'il ait pu omettre,
dans le travail consciencieux des mesures, une partie aussi importante
et qui aurait mesuré 0ᵐ,57 de haut. D'énormes fragments de cette corniche gisent au bas de la face sud et de la face nord, dans un état de conservation complète. L'architrave, au lieu de ne former que l'épaisseur
du mur qui la recevait, se composait de quatre énormes plateaux carrés
de pierre épais de 0ᵐ,46 et mesurant 1ᵐ,53 dans les deux sens ; ces
plateaux étant placés aux quatre angles, des parties intermédiaires
ayant 1ᵐ,60 de large sur 1ᵐ,53 de long se trouvaient entre ces plateaux ;
au milieu une autre dalle était placée, reposant sur les cloisons intérieures des chambres. Toutes ces pierres étaient assemblées entre
elles, ainsi que les colonnes engagées et leurs chapiteaux au moyen
de tenons métalliques en queue d'aronde dont les encastrements
existent. Au-dessus de la grande corniche, s'élevaient trois gradins
sur plan carré ; suivant les diagonales de ces carrés ; quatre socles en
pierre de 1ᵐ,96 de haut formaient les angles de cette pyramide,
comme l'indiquent les encastrements (fig. 96, nᵒˢ 4 et A,B,C) de ces
gradins dans ces piédestaux [1]. La partie supérieure de ces piédestaux
porte un encastrement rectangulaire de 0ᵐ,25 de profondeur, les derniers gradins empiétaient un peu sur ces socles légèrement entaillés
pour les recevoir. Sur la face supérieure de ces socles et dans cet
encastrement venaient probablement s'emboîter la partie inférieure
de petits cavaliers dont nous avons retrouvé un fragment très mutilé
au bas de la face ouest. (Sir Greenville Temple, cité par Playfair, en
fait mention.) Un socle carré devait s'élever au-dessus, sur une moulure de soubassement. Ses quatre faces décorées des quatre quadriges
(dont deux gisent à la base du monument, l'un au nord et l'autre au
sud), étaient terminées à leurs angles par des socles carrés servant de
piédestaux aux statues ailées, de deux desquelles nous avons retrouvé
des fragments. Ces quatre statues entouraient probablement un couronnement en forme de prisme droit à base triangulaire, placé sur une
de ses faces rectangulaires et dont les faces inclinées seraient indiquées
en partie par la façon dont les ailes des statues sont rognées dans
leur partie inférieure. Ce mode de couronnement s'accorde avec les
dispositions des traces des pentes gravées sur la face des statues ; il
me semble d'ailleurs légitimé par la forme du couronnement des sé-

---

[1]. Ces piédestaux sont indiqués en place dans les dessins de Catherwood
et de Bruce.

pultures puniques découvertes à Byrsa par le P. Delattre (fig. 101). Ce couronncment était peut-être terminé par une antéfixe à chaque extrémité et ces deux antéfixes reliées par une sorte d'arcature à jour (fig. 102).

ÉLEVATION RESTITUEE DU MAUSOLÉE PUNIQUE DE DOUGGA.

Fig. 100. — Restitution de l'ensemble, élévation.

Des fouilles seraient nécessaires pour établir exactement la restitution des statues et de la disposition suivante que j'ai restituée par analogie.

Je crois qu'un couloir incliné [1] dans la direction du sud au nord aboutissait au bas de la face sud, à l'entrée de la chambre sépul-

1. Voy. coupe du tombeau d'Amrith, Renau, *Mission en Phénicie*, pl. 17.

crale ; la configuration du terrain milite en faveur de cette hypothèse;
un mur en blocage, à quelques mètres en avant de cette face sud et

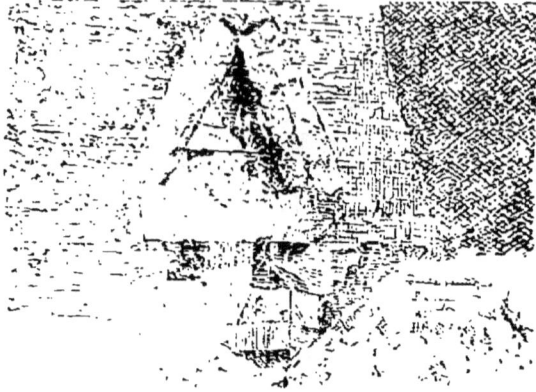

Fig. 101.

dont quelques parties sont visibles au ras du sol, pourrait appartenir
à l'entrée de ce couloir incliné ou à la voûte qui le recouvrait.

Je ne crois pas que les chambres contenues dans le mausolée, au-
dessus du sol, et indiquées dans les plans et la coupe de Bruce,
soient des chambres sépulcrales. Les parements de ces chambres sont
bruts et à peine dégrossis, ce manque de soin dans la construction
de l'intérieur s'accorde peu avec
la perfection du travail des façades du mausolée. Je serais
disposé à n'y voir que des
chambres de décharge servant à
alléger le poids qui pesait sur le
caveau funéraire. Les portes qui
donnaient accès à ces chambres
étaient fermées par des dalles en
feuillure. Il est probable que la
construction, une fois terminée,
aura été consacrée par des liba-
tions et des cérémonies religieuses accomplies dans ces
chambres, et qu'après leur ac-
complissement on aura fermé définitivement les portes en laissant
retomber les dalles. La chambre sépulcrale serait donc, suivant toute
probabilité, encore intacte, contenant un ou plusieurs sarcophages de

Fig. 102.   Face latérale restituée du
couronnement du mausolée punique
de Dougga.

pierre analogues à ceux rapportés au Musée du Louvre par M. Renan et aux sarcophages anthropoïdes du Musée de Palerme. On voit quel intérêt il y aurait à pratiquer des travaux sur ce point : 1° pour conserver et déterminer tous les éléments constitutifs de ce moment si intéressant ; 2° pour faire des fouilles, afin de découvrir la chambre inférieure qui, d'après l'inscription, doit contenir les restes d'un personnage de famille royale ; on y trouverait non seulement le sarcophage mais peut-être encore de nombreux bijoux, des armes, des ustensiles de bronze, etc.

Étude des proportions et des mesures du mausolée punique de Dougga.

Ces proportions dérivent du triangle équilatéral, comme l'indiquent les figures ci-jointes.

Plan (fig. 103), sur la face du carré formé par les axes des quatre colonnes extrêmes (8 coudées), on trace des triangles équilatéraux, dont les côtés se coupent en M. Des lignes parallèles aux côtés des triangles équilatéraux issues de M coupent les lignes (SS'S'') SS', S'S'' en M'M'', etc., et déterminent les axes des colonnes engagées des faces du mausolée. Le diamètre du cercle S''O'S'' est égal à la moitié de la diagonale du mausolée mesurée du nu extérieur d'une colonne d'angle au nu extérieur de la colonne d'angle correspondante. Le cercle S'' passe par les sommets des quatre trian les équilatéraux construits sur les lignes SS'.

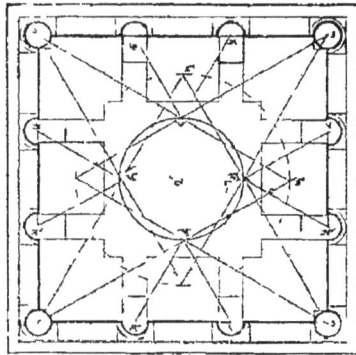

Fig. 103. — Tracé théorique des proportions du plan du mausolée.

La base inférieure EF (fig. 104) mesure 18 coudées (2 fois 9), si l'on prend comme niveau, le niveau du premier gradin (qui est à 1/3 de coudée du sol antique) et que des extrémités de EF, on mène en E une ligne à 60° (côté d'un triangle équilatéral) et de l'extrémité du premier gradin obtenu en coupant cette ligne par le niveau à 1/3 de coudée, une verticale vers G on obtient : 1° l'inclinaison des gradins du soubassement (hauteur, 4 coudées 1/3) ; 2° à la rencontre de l'axe, le niveau inférieur du linteau des portes et le point G, sommet du monument (à 30 coudées 1/3 du sol). Ces coudées (de 0m,525, ou pied

philétérien) étaient l'unité de mesure usitée par les Grecs de l'Italie
méridionale; subdivisée en 12 onces, elle a servi à mesurer les temples
de la Grande-Grèce ; (voir plus loin l'étude sur les proportions du

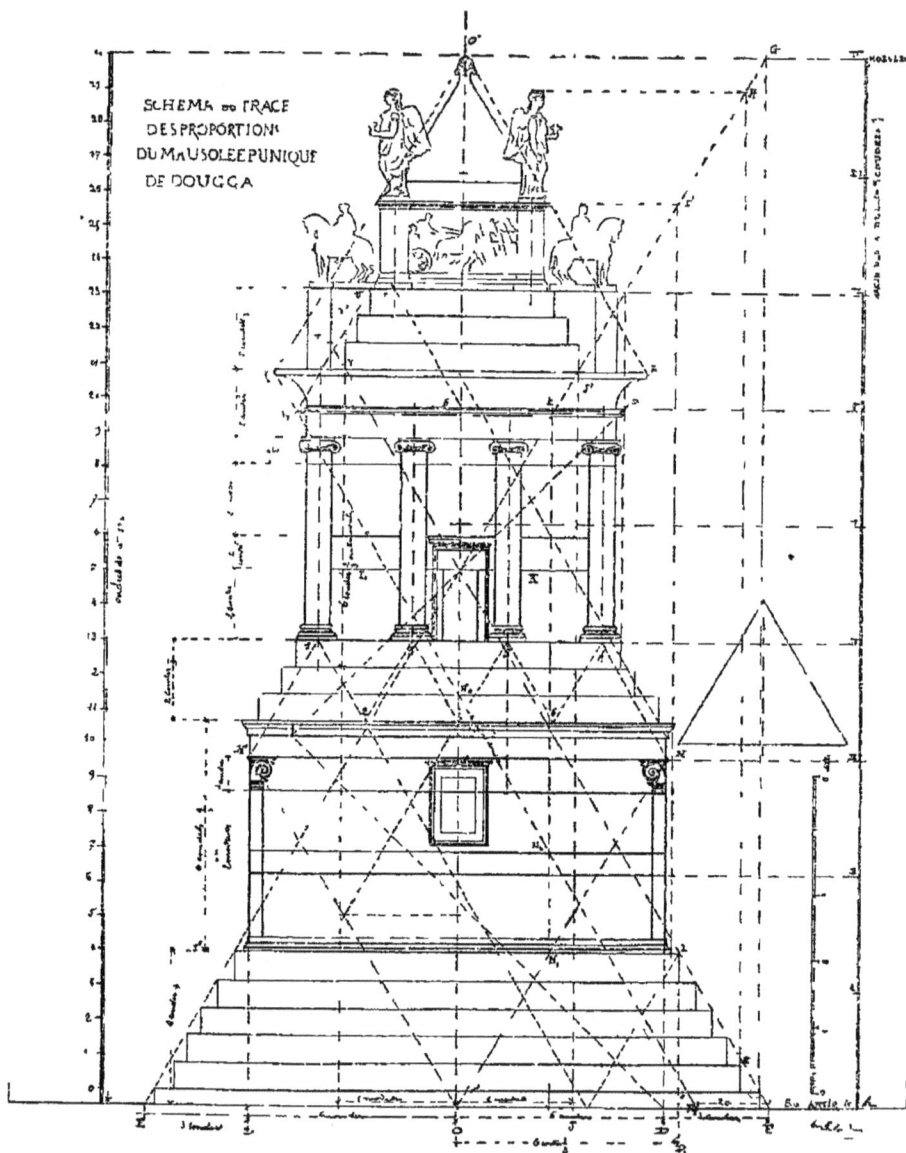

Fig. 104. — Tracé théorique des proportions du mausolée punique de Dougga.

temple de Jupiter à Dougga) forment l'unité de mesure du monument.
Si nous divisons cette hauteur totale en 9 parties ou modules (échelle
extrême à droite de la figure), nous obtenons : au point II, le niveau
inférieur de l'assise médiane du soubassement : en III, la face inférieure

de l'architrave; en IV, le sommet des gradins de l'étage; en VI, la
ligne supérieure de l'architrave; et en VII, la ligne supérieure des
gradins du couronnement.

L'ordre mesure 2 modules de hauteur et dans cette mesure est comprise l'architrave; voilà encore un point de ressemblance de plus avec
les édifices égyptiens, dans lesquels la mesure de l'ordre comprend
toujours l'architrave avec la colonne, et non pas la colonne seule
comme dans les ordres grecs et romains. Si de part et d'autre de l'axe
on porte un module, les verticales élevées sur ces points donnent en
J', à la rencontre de EG, la hauteur de la corniche. Les lignes ON, ON'
à 60° donnent la largeur du soubassement à leur rencontre avec III;
remontées à 60° depuis N, elles rencontrent III en 1 et déterminent
l'axe des colonnes. 1 et 2 prolongées jusqu'au sol et relevées en I (à 60°)
donnent I, extrémité du gradin supérieur du soubassement par sa rencontre avec la ligne à 60°, issue de F et homologue à EG. La longueur
de la corniche comptée de bout à bout est donnée par la rencontre
avec VJ' déterminée avec les lignes à 60° issues de O'. L'inspection de
la figure montrera que les autres points sont déterminés par des
tracés analogues, hauteur des statues des cavaliers, de la frise, des
gradins supérieurs, etc., etc.

§ 3. — MONUMENTS ROMAINS, BYZANTINS ET CHRÉTIENS.

Avant d'aborder l'étude des monuments d'architecture romaine
existant encore à Dougga, je vais décrire un petit monument funéraire où l'influence de la tradition punique se mélange à l'art romain.
C'est un cippe ou stèle funéraire qui sert de linteau à une des portes
des chambres qui donnent sur la cour centrale, dans la maison de
Lecheb, sur la petite place, un peu avant d'arriver au temple (v. plan
en L).

La maison *Salah ben Lecheb* (ainsi nommée du nom de son proprié-
taire) est située sur la petite place qui est en face de la rue qui conduit directement au temple et est à droite en descendant du temple,
formant l'angle de la place et d'une rue qui descend. Elle est construite en grande partie sur un édifice antique dont nous n'avons pas
pu définir la destination. Sur la façade qui regarde le temple une
porte antique est intacte, avec sa corniche et son chambranle, le tout
un peu lourd d'exécution et de conception. Cette porte a 2^m,62 de

large et le mur antique qui se continue jusqu'à l'angle de la maison, à gauche, est décoré de deux pilastres corinthiens rasés à une faible distance du sol. (Nous en donnons (fig. 105) un croquis avec les détails de la porte, — à rapprocher de la porte trouvée dans les ruines du temple NE (fig. 121). Ces pilastres sont cannelés et les cannelures sont remplies par une baguette demi-cylindrique. Ils sont espacés de 2^m,25 à partir de la porte, et celui près de l'angle de gauche est à 1^m,75 de celui qui le précède.

La cour intérieure de la maison arabe actuelle est formée par un dallage en grandes pierres dans lesquelles sont creusés des canaux de 0^m,08 à peu près de largeur. Il me semble que ces canaux ont dû servir d'encastrement à des dalles verticales de pierre formant cloisons ou balustrades. La disposition en est assez confuse, et je n'ai pas pu la relever, faute de temps Les Arabes prétendent que sous ce dal-

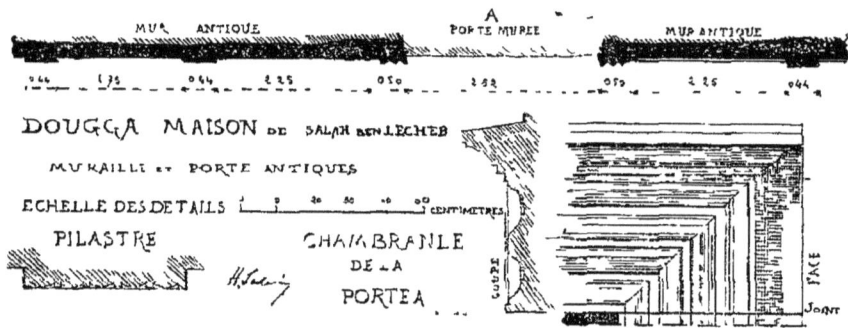

Fig. 105. — Porte antique, maison de Salah ben Lecheb.

lage il y a des voûtes étendues et un puits qui donne de l'eau excellente[1].

Ils prétendent que c'est là que se dressait le *hammam* (c'est-à-dire le bain) des Romains. Il faut dire que M. M. Boyé prétend placer ces thermes au bas de la ville auprès de citernes où aboutissent les eaux du haut de la ville (un peu au-dessus de la source du sud); de grands pans de mur, des parties de voûte, deux petites constructions voûtées, ayant autrefois servi de moulins à huile, sont rattachés par lui à un ensemble qu'il attribue aux thermes; nous en parlerons plus loin. A mon avis, les thermes seraient mieux placés ici, dans la ville que dans

1. La déclivité du terrain sur lequel est construite cette maison peut faire supposer que la construction antique rachetait cette différence de niveau par un étage inférieur, au-dessus du sol, du côté de la descente, souterrain du côté de la montée.

l'extrémité sud. S'ils avaient été placésen contre-bas, l'accès n'en aurait pas été agréable et il aurait été même très fatigant d'avoir à remonter toute la moitié de la ville pour en revenir. Néanmoins, comme nous n'avons rien pu voir dans cette maison qui puisse contribuer à affirmer cette hypothèse, je me borne à la mentionner comme appuyée par la tradition. Ces traditions arabes sont quelquefois justes, témoin le nom de *hammam* qu'ils donnent encore aux ruines des thermes de Thelepte (Ras-el-Aïn, près de Fériana, *Rapport*, p. 117, fig. ʼo6). Il faudrait visiter en détail toutes les chambres de la maison arabe et les substructions voûtées, pour s'assurer des restes antiques, et en dresser le plan, or on sait combien les Arabes aiment peu laisser un chrétien pénétrer chez eux, et Salah ben Lecheb, tout particulièrement, avait l'air de désirer que notre visite s'abrégeât le plus possible. Nous avons déjà mentionné le fragment du cippe néo-punique servant de linteau à une porte de cette maison : il est semblable à ceux qui sont déposés à la résidence de France à Tunis, et qui ont été déjà signalés par M. Cagnat. Je crois seulement celui de Dougga un peu antérieur à ceux-ci. C'est une stèle assez épaisse qui mesure 0ᵐ,40 de large et est brisée dans sa partie supérieure. Elle forme le linteau d'une porte de la maison arabe. Ce petit monument figure la façade d'un édicule probablement d'ordre ionique, composé d'une *cella* dont la face est décorée d'un portique de deux colones cannelées qui devaient être surmontées d'un entablement complet et d'un fronton. Il est probable que, de même que le pavage s'étendant devant ce petit édicule a été figuré ici, sans aucun souci de la perspective, par des carrés concentriques, de même les caissons du plafond de ce portique à deux colonnes devait être figurés en rabattement sous l'entablement (comme dans les stèles de Tunis pl. II).

Le pavage de la *cella* est indiqué, de la même façon et au fond de la *cella*, un piédestal dont les faces latérales sont contournées en consoles (comme un pied de table antique) porte sur sa face la représentation d'une urne cinéraire avec son couvercle. Sur ce piédestal est une statue d'homme debout en haut-relief (la tête a été brisée), vêtu de la toge et tenant dans sa main gauche un *volumen*. Ces deux détails sont les seuls points qui, romains de style, nous portent à dater ce monument de l'époque postérieure à la conquête romaine. Les bases des colonnes, au contraire, accusent une influence punique par leur aspect lourd et globulaire. Ces parties lisses des fûts en opposition avec les parties cannelées des colonnes ne sont pas non plus de tradition romaine et se rapprochent plutôt de données grecques qui dans cette contrée accusent toujours l'époque et les traditions puniques. Les deux rosaces à six branches [1] et le style des deux palmes sculptées en très bas-relief, de chaque côté de la petite figure agenouillée dans la niche inférieure, tout cela porte bien le caractère particulier de la décoration orientale.

Dans la figure agenouillée (la tête a été mutilée) dans la niche inférieure, nous retrouvons la préoccupation de l'artiste qui a voulu, comme plus haut, rendre le sentiment des deux dimensions de son sujet, tout en ignorant les principes les plus élémentaires de la perspective. Son costume absolument différent de celui du personnage que nous avons décrit plus haut, se compose d'un vêtement à longues manches évasées [2], relativement court par devant, et long par derrière, et de caleçons ou braies qui couvrent les jambes; celles-ci sont indiquées fléchies pour bien montrer que le personnage est agenouillé mais elles sont indiquées dans toute leur longueur, avec les pieds, l'artiste n'ayant pas osé n'indiquer que les cuisses jusqu'au genou, de peur que les jambes ne parussent coupées, il résulte de cet arrangement naïf que cette figure a une allure très singulière. Ce petit personnage a les mains élevées et appliquées sur la poitrine, ce qui est encore maintenant en Orient un signe de prière et d'adoration.

L'inscription devait probablement se lire au-dessous de cette figure. N'ayant rien remarqué qui ressemblât à des caractères, j'ai choisi, pour faire la photographie de ce petit monument, le moment où, le soleil étant presque vertical, tous les moindres détails de la pierre étaient accusées par le jour frisant, espérant obtenir par ce moyen les moindres traces de caractères. On se rendra compte par l'héliogravure ci-jointe qu'il ne reste aucune trace de caractères de l'inscription.

Temple de Jupiter, de Junon et de Minerve (pl. III et IV).

L'inscription qui se lit sur la frise du temple a été l'objet de diverses lectures; la dernière, celle du Dr Schmit, me paraît être la plus exacte et celle qui s'accorde la mieux avec la lecture que j'ai tenté d'en faire après lui, non seulement au moyen de la lorgnette, mais encore d'après une photographie faite au moment où le soleil, commençant

1. Rosaces hexagonales sur des ossuaires juifs au Musée du Louvre. Emploi de ce motif dans l'ornementation juive et arabe jusqu'à nos jours en Tunisie.
2. De forme orientale.

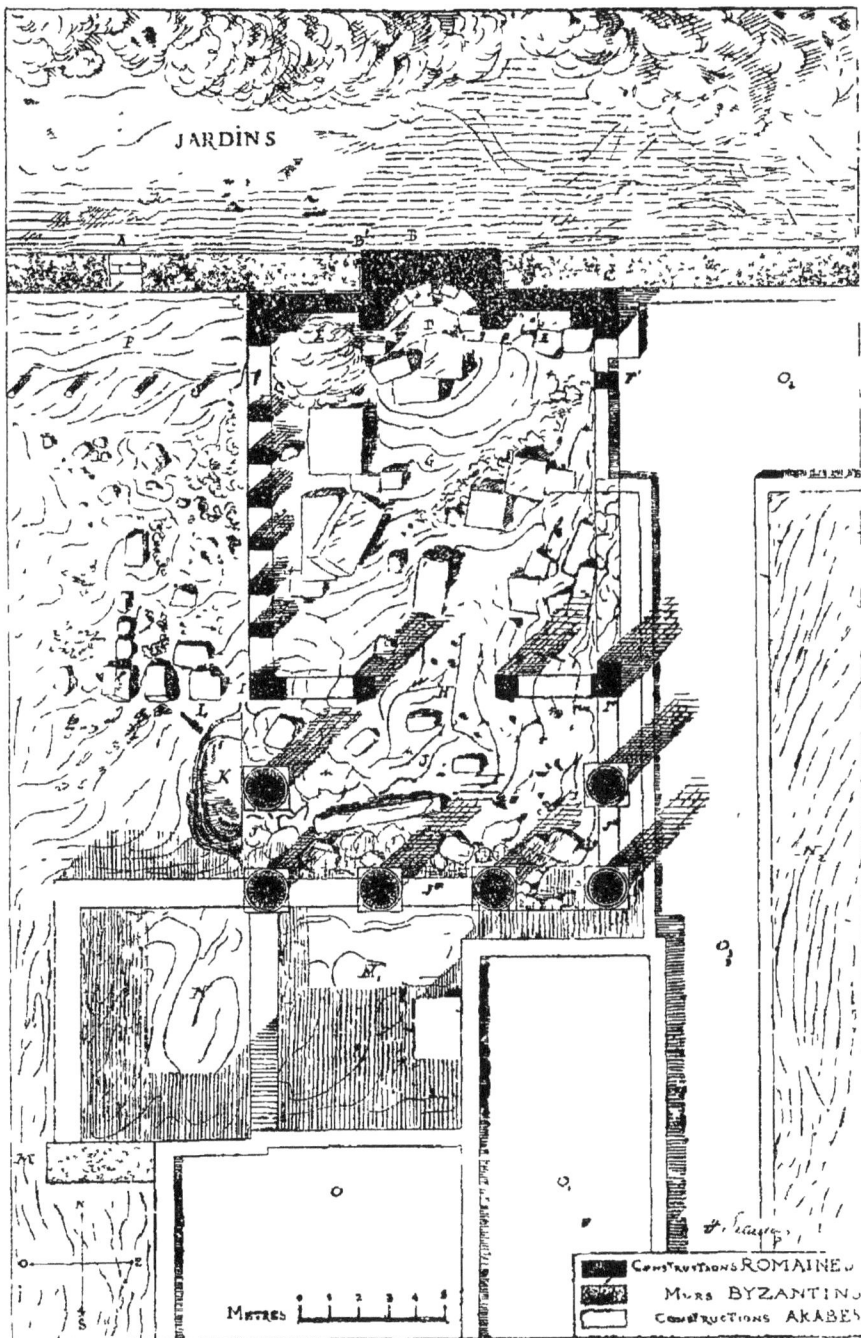

Fig. 106. — Plan du temple de Dougga.

A, mur byzantin — CBB'C', face postérieure de la *cella*. — DEE', niches — FF', murs latéraux. — G, intérieur de la *cella* — K, fouille. — H, Porte — I, couronnement de la porte —
II', angles de la *cella*. — J'J"J'", colonne. — N, cour. — OO₁O₂, construction arabe. — P, écurie.

à décroître, éclaire la façade un peu de côté. A ce moment, la face de la frise est un peu dans la demi-teinte, l'ombre propre des lettres est plus forte et le biseau opposé à l'ombre est en pleine lumière et se détache en clair.

Voici cette lecture [1] :

Jovi optimo maximo et Junoni reginae et Minervae augustis sacrum, pro salute Caesaris Marci Aurelii Antonini, Augusti et Lucii Veri Augustorum, Armeniacorum, Medicorum, Parthicorum ... Marcus Simplex Regillianus et Marcius Simplex Regillianus sua pecunia fecerunt.

On remarque une lacune entre *Parthicorum* et *Marcus*; cette lacune comprend justement les indications de puissance tribunitienne qui pourraient fixer exactement la date de la dédicace de ce monument.

Néanmoins, elle nous donne une date suffisamment approximative de l'érection du monument, puisqu'elle se rapporte à l'époque où Marc-Aurèle s'était associé à l'empire Lucius Verus, c'est-à-dire la période qui s'étend de l'an 161 après J.-C. à l'an 169.

Ce monument, l'édifice romain le mieux conservé de la Tunisie (au moins parmi ceux que j'ai pu étudier jusqu'ici dans ce pays), offre un grand intérêt, autant par la délicatesse et le style de son ornementation que par l'ensemble à peu près complet de ses dispositions antiques. j'ai donc pu en faire une étude assez étendue et qui serait complète si j'avais pu dégager l'escalier antérieur et faire une fouille assez importante pour retrouver trace du pavage antique de la *cella*.

Ce temple est d'ordre corinthien, tétrastyle prostyle pseudopériptère, c'est dire que la *cella* est précédée d'un portique composé de quatre colonnes en façade; ce portique se retourne sur les flancs de la *cella* dont une colonne latérale le sépare; les angles et peut être les faces latérales de la *cella* étaient décorées par des pilastres d'ordre corinthien en stucs ou en enduits (nous décrirons plus loin les indices certains de cette disposition). C'est donc une ordonnance analogue comme portique antérieur, aux temples que j'ai étudiés à Sbeïtla [2] en 1882-1883 et, pour les pilastres cantonnant les angles de la *cella*, une disposition analogue à celle du temple d'Auguste et de Livie à Vienne; on pourrait aussi supposer une ordonnance de pilastres sur les faces latérales de la *cella* (comme dans les petits temples latéraux de

1 J'ai rendu sur la frise l'état actuel de l'inscription, (pl. IX).
2. *Rapport de* 1883. pl. II. p. 169.

Sbeïtla)[1] : ce qui peut donner une certaine probabilité à cette hypothèse, c'est qu'en restituant ainsi des pilastres latéraux on en obtient
cinq (compris ceux d'angle), dont les espacements sont à peu près
égaux à l'entre-colonnement.

Aujourd'hui, comme la plus grande partie des murs latéraux de

Fig. 107. — Façade postérieure du temple de Dougga.

la cella sont détruits ou rasés à une petite distance du sol et encastrés
dans des constructions arabes, on ne peut remarquer ces traces de
pilastres que sur l'angle antérieur est et sur les deux angles postérieurs de cette cella (toute la face postérieure est debout presque jusqu'à la hauteur de la corniche). Cette partie postérieure encastrée
dans l'enceinte byzantine qui constituait la forteresse construite par

1. Rapport de 1883, pl. II, p. 169.

l'ordre de Justinien et qui comprenait une partie de la ville antique a été conservée en partie. La portion de l'angle ouest du mur de la *cella* a même été si bien préservée par le mur byzantin A (fig. 106) qui lui est *accolé* que les enduits de cet angle sont visibles dans la partie supérieure du mur. En montant sur ce mur, j'ai découvert sur la face externe du mur CC de la *cella* des cannelures modelées dans l'enduit qui revet ce mur de façon à figurer un pilastre; dans une autre partie B (façade postérieure, fig. 107) j'ai noté aussi la présence des enduits. Ces cannelures profondes correspondent comme dimensions aux cannelures des colonnes du temple Cette indication est précieuse, en ce qu'elle nous indique le mode de décoration adopté pour cette partie de la construction.

Bruce, dans les précieux dessins qu'il a laissés de ce temple, indique, avec la conscience qui lui était habituelle, la façon dont les façades latérales étaient construites (fig. 112 et 113). Ce sont de grandes pierres posées en délit et formant des chaînages verticaux alternant avec des parties formant harpe, et reliés les uns aux autres par une maçonnerie en moellons, fortement raidie par ces piles verticales[1]. Jusqu'ici, nous n'avions trouvé, en Tunisie, de constructions analogues que parmi des monuments appartenant à une époque assez basse, l'indication absolument certaine du pilastre en enduit correspondant à l'ordre nous prouve que cette partie est contemporaine du *pronaos*. Voici donc une construction du milieu du IIe siècle présentant évidemment les mêmes caractères; il ne faudra donc plus, en Afrique du moins, attribuer cet appareil à une époque de décadence, à moins qu'on n'y trouve, comme à Teboursouk, par exemple, de nombreux fragments de monuments antiques utilisés dans le mur même, soit pour la construction de ces harpes, soit pour la composition des remplissages qui garnissent leurs intervalles.

La partie postérieure de la *cella* de ce temple est construite de la façon suivante : maçonnerie en blocage avec harpes verticales et angles en pierres de taille. Les voyageurs qui nous ont précédé ont toujours attribué à cette partie une origine toute différente et y ont vu l'abside d'une église[2], à cause des trois niches qui y sont pratiquées ; nous venons de voir que l'existence de ces enduits détruit cette hypothèse qui n'aurait pas dû se produire, étant donnés l'existence de ces enduits et l'alignement exact avec les côtés du temple dans lequel se

1. Comparer avec Kasr-el-Ahmar du *Rapport de* 1883, p. 57, fig. 106 et 107 et l'église de Maatria étudiée dans le *Rapport de* 1885.
2. Guerin, Playfair, etc.

trouvent les restes de cés murs. Une autre preuve convaincante de l'existence de ces pilastres d'angle est celle-ci :

Aux angles postérieurs est, ouest et est antérieur de la *cella*, où existent encore les angles de la construction, on remarque en B (façade postérieure et façade latérale fig. 107 et 109) exactement à la hauteur du tailloir des chapiteaux corinthiens de l'ordre du *pronaos*, une en-

Fig. 108. — Entablement du temple de Dougga, face latérale de gauche.

taille profonde ; au-dessous de cette entaille, qui a, à peu de chose en largeur près, les dimensions du tailloir, sont disposés symétriquement des trous réguliers, trois en haut, deux plus bas, correspondant : les trois du haut aux caulicoles du centre et aux volutes d'angles, et les deux du bas aux feuilles inférieures du chapiteau. Ces trous ont évidemment servi à fixer des crampons de métal auxquels s'accrochaient les chapiteaux des pilastres, chapiteaux en stuc (comme tant de chapiteaux, à Pompeï). Ces chapiteaux avaient un tailloir rapporté qui était probablement en pierre dure ou en marbre et s'incrustait dans la rainure dont j'ai parlé plus haut : cette disposition, fort logique, avait probablement pour but de protéger contre la pluie ce chapiteau de stuc, comme nous protégeons, à Paris, les moulures de plâtre par des bandes de zinc placées sur leur face supérieure. Sur l'angle est antérieur de la *cella* (fig. 111), des trous sur la face latérale, et surtout sur la face antérieure, existent sur toute la hauteur, disposés par séries horizontales de deux, espacés horizontalement de près de o^m,25

Fig. 109. — Façade ouest du temple de Dougga.

et espacés irrégulièrement dans le sens vertical. Ces trous recevaient aussi des crampons destinés à retenir l'enduit formant les pilastres.

Voici donc établie d'une façon certaine la date de la *cella* : elle appartient au temple et a été construite en même temps que lui, puisqu'elle porte des traces irrécusables de l'existence [1] d'un ordre de pilastres corinthiens en stuc de la même proportion, et cannelés comme l'ordre du *pronaos*. Bien plus, sur la partie supérieure du mur de la *cella* et vers l'angle postérieur est on remarque une partie de corniche, en C (fig. 107 et 111), au même niveau que la corniche de

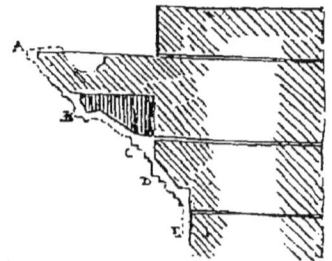

Fig. 110. — Temple de Dougga, façade postérieure. Corniche épannelée pour recevoir un enduit en stuc.

l'ordre et simplement épannelée, comme l'indique le croquis ci-contre

---

1. Sur les parties en pierre en délit de la face ouest de la *cella*, des stries régulières ont été laissées (trace des outils), afin de faire mieux adhérer les enduits; les lits au contraire sont soigneusement dressés.

(fig. 110); cette partie a des modillons et une moulure au-dessous.
La ligne qui circonscrit le détail de ce fragment (en coupe) montre
comment étaient appliqués les enduits. Voici encore un exemple d'emploi d'enduit décoratif analogue aux nombreux exemples que l'on a
découverts à Pompeï. — (On sait que tous les morceaux d'architecture trouvés dans cette ville étaient en lave revêtue de stucs d'une
grande finesse.)

Fig. 111. — Temple de Dougga, façade latérale de droite.

Voit-on maintenant de quelle nécessité il est de défendre absolument les fouilles dans les monuments antiques, à moins qu'elles ne
soient faites par des archéologues *compétents*. Cette *cella*, exemple
curieux, et peut-être unique dans la Tunisie tout entière, de l'emploi indéniable des stucs dans la décoration extérieure, était jusqu'ici
considérée comme une adjonction due à l'époque chrétienne ; les
explorateurs qui nous avaient précédé y avaient vu une église construite sur les ruines d'un temple païen, on avait été jusqu'à y découvrir l'indication des bas-côtés. On y a même pratiqué des fouilles
avant mon arrivée, et depuis l'occupation. Qui aurait empêché de
détruire une partie de cette *cella*, considérée comme construction de
basse époque et, par conséquent négligable ? Il n'en a rien été, c'est
heureux, mais cela aurait pu arriver. Sur la foi des auteurs on aurait
tout simplement commis un acte de vandalisme. C'est pourquoi j'in-
siste tout particulièrement sur la nécessité d'adjoindre un architecte

compétent aux archéologues à qui incomberait la mission de faire des fouilles en Tunisie. Il est impossible qu'avec des notions purement littéraires on puisse conduire des fouilles à bonne fin, et de même que pour l'épigraphiste les règles de la langue et les règles de l'épigraphie sont absolument nécessaires pour qu'il puisse produire un travail scientifiquement utile, de même pour l'étude de l'archéologie monumentale dont les fouilles archéologiques sont certainement une branche fort intéressante, il est absolument nécessaire de connaître non seulement la langue de cette science, c'est-à-dire l'architecture

Fig. 112. — Temple de Dougga façade latérale de droite d'après Bruce.

et la construction, mais encore les règles particulières de l'archéologie du pays que l'on étudie.

Le fond de la *cella* (pl. IV) est décoré de trois niches : une demi-circulaire [1], et deux rectangulaires en plan et en élévation. On remarque

1. Cette niche circulaire a son arc de tête appareillé en partie en cas de charge, c'est-à-dire que les trois premiers voussoirs, au lieu d'avoir leurs joints tendant au centre, les ont horizontaux. Cette disposition a pour but de diminuer la poussée, en diminuant la longueur de la partie dont les joints sont obliques. La même disposition se retrouve à Sbeitla dans l'appareil des grandes niches des temples latéraux A et C (*Rapport de* 1883, fig. 125, temple de gauche). — M. Dieulafoy (*L'Art antique de la Perse*) cite l'emploi de cette méthode des tas de charge, dans les plus anciens monuments voûtés de la Perse. L'application de cette méthode a été faite à Rome dans les édifices en brique, et en Orient dans beaucoup d'édifices byzantins (Choisy). Nous n'avons pas à citer ici les nombreux emplois que le moyen âge français a faits de cet appareil.

sur la face intérieure de la *cella* des trous faits dans les pierres qui forment les montants et l'arc de tête de la niche ainsi que dans les niches latérales. Ces trous étaient destinés aussi à loger des crampons retenant les enduits. Tout l'intérieur était donc enduit, et des fouilles pourront peut-être indiquer si ces enduits étaient peints ; en dégageant la base des murs on retrouvera probablement des fragments d'enduits encore en place.

Sur le linteau de la porte de la *cella* on lit l'inscription suivante :
L. Marcus Simplex Regillianus et L. Marcus Simplex Regillianus

Fig. 113. — Façade du temple de Dougga, d'après Bruce.

S. P. F., parfaitement conservée ; la porte est intacte et debout, il ne manque que la corniche qui est tombée à terre (fig. 115). Cette porte a des crossettes mais pas de frise ; son chambranle se compose d'une moulure formée de deux talons séparés par des listels. Cette mouluration est d'un beau caractère. Les faces extérieures du chambranle, à droite et à gauche des moulures extrêmes, et les faces intérieures sont d'un travail grossier, ce qui prouve qu'elles ont reçu des enduits comme l'intérieur et l'extérieur de la *cella*. Des fouilles, dans la *cella*, avaient été faites par des officiers quelque temps avant mon arrivée à Dougga ; je ne sais pas si elles ont amené la découverte du pavage de la *cella* du temple, soit en dalles de pierre, soit en mosaïque plus ou moins ornée.

Cette porte est un des rares exemples de portes antiques qui se
soient conservées jusqu'à nos jours. On les compte : la porte de
l'Érechteion, sur l'Acropole à Athènes ; la porte du temple d'Her-
cule, à Cori ; la porte du temple de Vesta, à Tivoli ; la porte du
Panthéon, à Rome ; la porte du temple dit la Maison Carrée, à
Nîmes ; la porte du temple d'Auguste, à Ancyra ; la porte du temple
de Jupiter (le petit temple), à Baalbek ; il faut y ajouter celle du temple
de Dougga. La face postérieure porte les entailles dans lesquelles
étaient scellés les gonds des portes (fig. 114 en SS). Nous avons vu à
Sbeïtla (*Rapport*, p. 76, fig. 138, GG) que les gonds des portes faisaient partie du linteau de la porte. A Sbeïtla, il est probable que
les moulures du chambranle étaient rapportées, comme peuvent l'indiquer les séries de petits trous qui sont visibles autour de la porte
du temple du milieu (*Rapport*, p. 69, fig. 125). Dans les temples de
Sbeïtla l'éclairage était[1], nous l'avons vu, fait par l arc de décharge
bandé au-dessus du linteau de la porte et resté vide, des traces d'atta-
che du grillage y sont même visibles (*Rapport*, fig. 135 cc). Ici, rien
n'indique que cette supposition soit impossible. Nous avons retrouvé
la corniche de la porte (fig. 116), qui est actuellement enfouie en
partie, dans le *pronaos*. Bruce, à la fin du siècle dernier, l'avait encore
vue en place (dessin de Bruce reproduit d'après l'ouvrage de Playfair,
fig. 113 en C. Dans cette vue on remarque encore en place l'angle extérieur ouest de la *cella*, ainsi qu'une grande partie du mur ouest dans
toute sa longueur et à près de 3 mètres de haut. On voit le soubassement du temple complètement dégagé dans la moitié de sa longueur,
et, dans la seconde moitié, enterré en partie ; ce dessin montre la
vue de la *cella* posant d'aplomb sur ce soubassement dont la moulure supérieure se continue sur toute la longueur de la façade latérale.

Passons maintenant à l'étude de l'ordre corinthien.

Il s'élève sur un soubassement peu élevé dont un sondage m'a
permis de déterminer exactement la hauteur. Comme l'indique Bruce

1. Comme aussi au temple de Medeïna, *Rapport de 1883*, p. 195, fig. 339. —
M. Dieulafoy, *Art antique de la Perse*, 2e partie, p. 38, note 1, dit : « La *cella* de
Parthénon, j'en suis convaincu, ne recevait de jour que par la porte d'entrée ».
Il expose, à l'appui de son opinion, la remarque qu'il a faite que dans les pays
chauds et secs, où la lumière est si intense, il a souvent remarqué que le
jour venant par la porte d'une salle, même située derrière un portique, suffi-
sait pour éclairer suffisamment la salle. Nous avons remarqué souvent en
Égypte, en Tunisie et en Italie le même fait. Un exemple à l'appui : les bu-
reaux de la division installés au palais Hussein à Tunis ne sont souvent
pas autrement éclairés que par la porte d'entrée, les fenêtres sont fermées,
et cependant quoiqu'un portique précède la porte, on y lit facilement.

dans la vue donnée plus haut, il se compose d'une partie verticale formée de deux assises chacune de 0^m,46 à 0^m,47 de haut, couronnée par une moulure, un talon surmonté d'un listel et reposant sur un soubassement de 0^m,55 de haut et très probablement composé d'un talon renversé et d'une partie verticale. (L'état de dégradation [1] de la pierre, dans la partie que j'ai fouillée, est tel que la moulure est détruite. la masse générale subsiste seule.)

Fig. 114 — Temple de Dougga, face postérieure du fronton montrant la porte et le *pronaos*

AB, pierres du fronton. — C, corniche. — D, cheneau — L, bahut recevant la charpente — F. trous de levage — G, joint d'une colonne — I, fûse — H. maisons arabes — I. mur byzantin

Ce soubassement se terminait de chaque côté, et en avant du *pronaos* par deux piédestaux longs, un à droite, l'autre à gauche, comprenant entre eux les marches de l'escalier rachetant le niveau de la

1. La cour formée autour et dans le temple par les constructions arabes sert d'étable. et est remplie d'une couche de fumier et de détritus pourris sur une hauteur de près de 2 mètres. On connaît le rôle actif des fumiers dans la nitrification. L'azotate d'ammoniaque formé par l'action des pluies et de l'air sur le fumier a été entraîné par ces eaux contre le soubassement du temple et en a salpêtré et par conséquent rongé une partie. Un déblayement préserverait toutes les parties enterrées, de cette lente destruction.

cella. Ces deux piédestaux portaient probablement les statues de Marc-Aurèle et de Lucius Verus auxquels le monument était dédié, sous la consécration à Jupiter Junon et Minerve, dont les statues se trouvaient dressées dans les niches du fond de la *cella.* (Nombreux temples de l'Afrique du nord dédiés à la triade latine Jupiter, Junon et Minerve. — Ceux de Sbeitla probablement.)

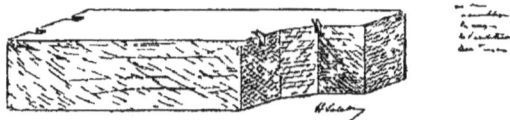

Fig. 115. — Temple de Dougga, assemblage des architraves d'angle.

Les bases de l'ordre sont bien profilées et se composent d'une plinthe surmontée d'un tore inférieur et d'un tore supérieur raccordées par deux scoties séparées l'une de l'autre par une baguette et deux listels.

Les colonnes sont monolithes, sauf la colonne est qui se trouve en retour, entre la colonne d'angle de la façade et l'angle de la *cella,* qui est composée de deux morceaux en G (fig. 114).

Fig. 116. — Détail de la corniche de la porte (avec profils).

Ces fûts sont décorés de vingt-quatre cannelures demi circulaires traitées avec fermeté. Ils sont très légèrement renflés au milieu et fusiformes par conséquent, du moins ceux des côtés. On remarquera que ce renflement est celui qui est indiqué par Vitruve sous le nom d'*entasis* [1] ; je ne pense pas que ce renflement ne soit qu'apparent et

1. Vitr., lib. III, cap. III, § 13.

soit dû à l'altération de la partie inférieure des cannelures. Pour
apprécier exactement ce renflement j'aurais eu besoin d'instruments
plus précis que ceux dont je disposais et d'un temps plus calme (à
Dougga j'ai presque toujours eu du vent). Néanmoins cette dimi-
nution est appréciable, non seulement d'après les mesures que j'ai
prises mais, encore sur toutes les vues photographiques que j'ai
faites.

Les chapiteaux sont d'un fort beau travail, les feuilles très fermes
et très bien modelées, d'un style certainement aussi beau que celui
des beaux chapiteaux des temples de Sbeïtla. Les tailloirs décorés de
canaux et d'oves sont fins et légèrement soutenus par les volutes complètement évidées. Les architraves sont simplement moulurées et ne
portent pas sous leur face inférieure ces beaux soffites si richement
sculptés que nous avons vus à Sbeïtla. La frise est décorée sur sa face
principale par l'inscription que nous avons mentionnée en commençant,
mais elle est lisse sur ses faces latérales. La corniche de l'entablement
et le fronton sont, au contraire, d'une grande richesse de décoration,
je vais les décrire en détail, (pl. V).

Au centre du fronton [1] se détache en bas-relief une figure virile,
demi nue, enlevée sur les ailes d'un aigle, nous avons indiqué (*Bulletin des Antiquités africaines*, fascicule XI, p. 40, note) déjà que
ce bas-relief pris par S. Greenville Temple et M. V. Guérin, pour
l'enlèvement de Ganymède, doit être plutôt la représentation de la
consecratio de l'empereur (cf. avec le bas-relief central de la décoration
de la voûte de l'arc de Titus. Rich, *Dict. des Ant.*, art. *Consecratio*).
Ce serait la *consecratio* de Lucius Verus dont la mort (169) serait sur-
venue pendant l'achèvement du temple. La partie droite de ce groupe
qui n'a pas été achevée est restée seulement épannelée, l'angle gauche
du fronton a aussi à son extrémité une partie inachevée et laissée en
masse. Ces oublis sont singuliers.

---

1. On doit remarquer ici le tracé particulier de l'appareil de la partie supérieure des corniches rampantes du fronton (pl. V). Les appareiller verticalement c'était s'exposer à avoir, près des angles, des coupes trop aiguës. On a
balancé ces joints en les traçant suivant les rayons d'un cercle dont le centre
serait sur l'axe du temple à son intersection avec le sol de ce temple sur
lequel reposent les plinthes des bases des colonnes d'un autre côté. Tracer
les modillons perpendiculaires aux corniches rampantes, c'était s'exposer à
avoir celui de l'axe composé de deux modillons déformés. Les tracer verticaux,
c'était commettre, pour ainsi dire, un non-sens ; on a pris un moyen terme
par lequel celui d'axe devient vertical, et les extrêmes presque perpendiculaires au rampant : pour cela, on les a tracés suivant les rayons du cercle indiqué ci-dessus. Ce balancement est assez particulier pour être remarqué.

L'entablement est d'un fort beau style, les feuillages des modillons, les rosaces sculptées dans le soffite de la corniche entre les modillons, les ornements de la doucine, les trèfles, les rais de cœur, tout rappelle comme exécution les plus beaux morceaux d'architecture de l'époque des Antonins. Aussi doit-on prendre au plus tôt les mesures nécessaires pour préserver ce monument des dégradations qui le menacent, assurer sa conservation et son dégagement et procéder à ces travaux avec le plus grand soin.

Les pierres extrêmes du tympan du fronton ont été placées au moyen d'un artifice particulier (fig. 114, B, B et F, F), ainsi que les grands

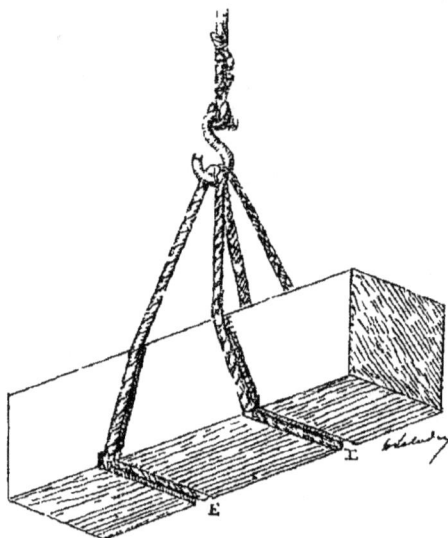

Fig. 117. — Levage des frises et pierres du fronton.

morceaux de la frise (la partie du milieu de la frise mesure 7^m,75). Ces pierres portent dans leur partie inférieure une ou deux rainures peu profondes mais assez larges et parallèles, elles ont été guindées à leur place au moyen de machines puissantes [1], et les cordes qui les attachaient passaient dans ces rainures, de façon à ne pouvoir glisser ni dans un sens ni dans un autre (fig. 117). Cette disposition avait encore cet avantage, de pouvoir poser directement la pierre sans interposition de cales, les entailles permettant de retirer les cordes la pierre une fois posée. Les constructeurs du temple de Dougga n'avaient pas osé

[1]. Ces machines étaient munies de moufles, *trochleae*, et étaient analogues à nos chèvres, comme l'indique le bas-relief bien connu du [Musée de Latran à Rome.

se servir pour cette opération du levage à la louve, croyant ce moyen insuffisant et trop faible. Les trois pierres du milieu du tympan du fronton étaient plus minces que les deux extrèmes et pour racheter intérieurement l'épaisseur qui manquait, on a monté un mur d'assez grand appareil derrière cette partie qui se voit sur la face intérieure que nous donnons ici (fig. 114, A). — Nous n'avons pas pu nous assurer si ces parties du milieu avaient des entailles destinées au levage.

La face intérieure du fronton ne porte que peu d'indications nous permettant de restituer le système de charpente qui couvrait le temple; les pierres placées sur le haut de la corniche est et qui sembleraient avoir reçu l'égout du toit ont disparu sauf une seule qui est à l'aplomb de l'angle correspondant de la *cella*. C'est probablement entre ces pierres que se trouvaient les intervalles dèvant recevoir les fermes. Ces fermes n'étaient donc pas encastrées comme à Sbeïlla[1] (*Rapport* p. 75 et 76, fig. 135 et s.) dans les murs à la hauteur de la corniche et de la frise, elles devaient en être indépendantes, au moins au-dessous de l'entrait, et suivre la pente inférieure de la deuxième assise de la corniche du fronton. Cette seconde assise, la plus haute, est interrompue de distance en distance par des vides rectangulaires qui peuvent être l'indication des pannes (aux angles des frontons un petit escalier de trois[2] marches permettait de descendre du toit et du fronton dans le chéneau sis sur la face supérieure de la corniche et formé par un très léger défoncement demi cylindrique dans lequel se logeait peut-être un chéneau en métal). Comme je n'ai pu monter que jusqu'à la hauteur des modillons et que je n'ai pas pu passer sur la corniche, je n'ai pas pu examiner si des traces de crampons justifiaient cette hypothèse de chéneaux en métal.

La partie postérieure de la *cella* se décroche sur le rectangle formé par le temple, et la portion encore existante de ce décrochement arrive, comme on le voit[3], presque au niveau du milieu de la première

1. A ce propos, je dois faire rectification d'une erreur que j'ai commise dans ce rapport, p. 76, l 11, 12, 13, dans la citation que j'ai faite de Vitruve — la citation que j'ai faite appartient a l'edition de D. Barbaro, Venet., 1567 qui a ce chapitre contient une interpolation. — Le texte restitué (Vitr., édit. O. Hollze, Leipzig, 1869) doit être cité de la facon suivante : lib. IV, cap. II : en P le *columen*, faitage, en J les *columnæ*, poinçons; en T, *traustra* ou entraits; en K les *capreoli* ou chevrons, en A les *cantherii* ou arbaletriers; en P les pannes ou *templa*; en T les *asseres* ou chevrons.

2. Peut être n'est-ce pas le logement d'un antéfixe d'angle en pierre; un autre sur le fronton aurait complété cette décoration qui n'est d'ailleurs pas inusitée.

3. **Façade posterieure** (fig. 107).

moulure rampante de la corniche du fronton. Je pense que cette partie devait se raccorder par un petit fronton avec le reste de la toiture terminée par le pignon nord. Il est à remarquer que la baie A n'est qu'apparente (façade latérale, fig. 109). C'est simplement une partie de la construction en blocage qui aura été détruite à l'époque où on construit le mur byzantin, pour ménager à cet endroit une sorte de guérite ou petite chambre sur le chemin de ronde et au-dessus de la niche demi-circulaire de la *cella*.

Le temple est orienté exactement du nord au sud, son portique antérieur et son entrée regardant vers le sud. Il est situé sur la limite nord du village arabe et enclavé sur ses faces est, sud et ouest par des maisons arabes, dont les murs entourent ses colonnes et montent à certains endroits jusqu'au tiers de leur hauteur. — La construction du mur byzantin qui tient à sa façade postérieure correspond à une autre partie de la même époque qui se trouve à peu près à 20 mètres en avant du temple. On peut dans cet ensemble fortifié voir le réduit de la citadelle byzantine de Dougga.

La partie du village qui regarde le sud-sud-ouest et par conséquent qui s'étend devant le temple est légèrement en pente pendant une cinquantaine de mètres ; à partir de là, l'escarpement s'accentue et la pente est très rapide jusqu'aux jardins qui entourent Dougga. Le temple, par la conformation même de la colline sur laquelle il était placé, se trouvait donc sur un point culminant et presque dégagé. On se rend très bien compte de l'aspect qu'il devait présenter lorsqu'en venant du Kef par Bordj-Messaoudi, on prend le chemin d'Aïn-Hedjah

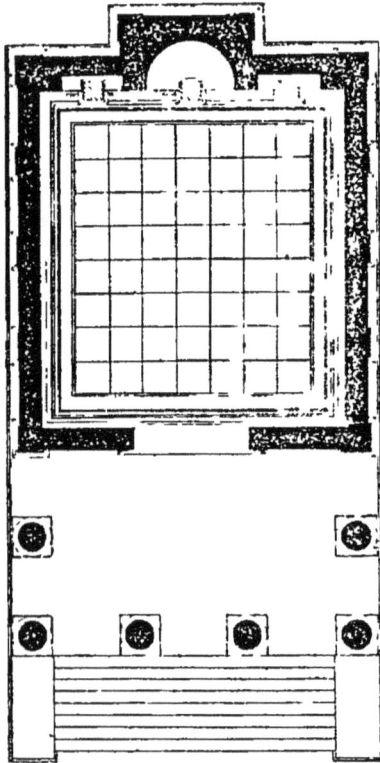

DOUGGA TEMPLE DE JUPITER DE JUNON ET DE MINERVE
PLAN RESTITUÉ

Fig. 118. — Temple de Dougga, essai de restitution du plan.

et qu'on arrive à un kilomètre environ de Dougga. Le temple se
dresse au-dessus du village arabe, ses colonnes et son fronton dorés
par le soleil ; l'élégance de ses proportions paraît alors, sa fine silhouette se dessine sur le bleu du ciel pendant qu'à ses pieds s'étagent
en gradins grisâtres les masures arabes qui recouvrent une partie de
l'antique Thugga.

Lorsque des crédits suffisants pourront être consacrés à la préser-
vation des plus beaux monuments que l'antiquité nous a laissés en
Tunisie, j'ose espérer que le premier auquel s'appliqueront ces ressources sera le temple de Dougga. Les matériaux dont il est construit, du moins dans la partie antérieure, la plus élégante et la plus
belle au point de vue artistique, sont, il est vrai, d'une dureté et
d'un grain presque semblables à ceux du marbre [1], mais comme cet
édifice est en grande partie enfoui dans des décombres et du fumier,
toute la partie enterrée est constamment attaquée et salpêtrée par les
infiltrations provenant du terrain environnant. Le sondage que j'ai
pratiqué dans la partie ouest extérieure du *pronaos* me l'a bien montré. Plus on tardera à déblayer cet édifice et plus ces dégâts s'ac-
centueront : d'un autre côté, les Arabes prennent tous les jours des
matériaux, soit dans les murs de la *cella*, soit dans les décombres
qui la remplissent. Ils finiront par la démolir complètement. Il nous
semble donc urgent d'appeler sur ce point l'attention du Ministère et
de demander qu'on prenne les mesures nécessaires : 1° pour acquérir le terrain où s'élève le temple ; 2° en exproprier les Arabes ;
3° dégager les restes de ce temple par des fouilles exécutées à 2m,50
au moins de distance des murs antiques et de l'escalier, afin d'isoler
le monument.

Études sur les proportions du temple de Dougga

La conservation parfaite de la façade du temple m'a fait entreprendre sur les proportions de cet édifice un travail assez compliqué,
travail que j'ai fait à deux points de vue :

1° Proportions suivant Vitruve ;

1. La pierre est un calcaire très dur, d'un grain fin dans les beaux morceaux
(comme les fûts des colonnes par exemple) et dans certains échantillons per-
forés de petits trous provenant de coquilles fossiles. Un fragment de cette
pierre (détaché d'un fragment de murs de la *cella*) a été poli, le ton de la
pierre est légèrement jaunâtre, les coquilles sont translucides et le ton général se rapproche de celui de la pierre de Comblanchien, dans les beaux
échantillons, mais tirant un peu moins sur le gris.

2o Proportions suivant un tracé géométrique [1].

Ces proportions seront par conséquent étudiées : 1o au point de vue numérique, en adoptant la coudée ou pied philétérien comme unité (0m,525), et en lui imposant la division italique en 12 onces, division qui a été adoptée par les artistes grecs qui ont élevé les temples de Pœstum, de Métaponte et d'Agrigente (Viollet-Leduc, *Dict. d'architecture*, tome VIII, p. 510, article *Symétrie*, note). D'un autre côté nous étudierons ces proportions, 2o au point de vue du tracé géométrique, car j'ai remarqué la coïncidence frappante des lignes issues de la construction du triangle de Pythagore (Vitr., lib. IX, préface, § 6 et suiv.), nommé aussi triangle égyptien, avec les points principaux et les dimensions de la façade du temple de Dougga.

Nous trouvons ici la distinction donnée par Vitruve, qui dit que l'édifice doit être ordonné : 1o avec symétrie (συμμετρία)[2], c'est-à-dire que ses différentes parties aient en nombres une mesure commune (le module) comme dans le corps humain (lib. I, cap. II) le rapport des pieds, des mains, etc., entre eux: 2o avec la proportion convenable (αναλογία), c'est-à-dire un rapport entre les parties de l'ouvrage et le tout, rapports qu'ils détermineront ensemble (lib. III, cap. I); ceci posé, examinons d'abord l'édifice avec le texte de Vitruve à la main, et en remarquant si nous retrouvons ici quelques-unes des règles formulées par l'architecte romain d'après les traditions grecques qu'il connaissait.

« L'eustyle est la proportion d'entre-colonnement reconnue comme la plus convenable, et comme commodité, et comme aspect, et la plus raisonnable au point de vue de la solidité : les intervalles (de *nu* à *nu*) doivent être de 2 diamètres 1/4, et seul les entre-colonnements du milieu des façades antérieure et postérieure doivent avoir 3 diamètres[3]. » Ici, les entre colonnements latéraux ont, à peu de chose près, la proportion eustyle, mais ceux de la façade ont 2 diamètres 1/2

1. On sait l'importance des tracés géométriques dans la plantation des grands édifices du moyen âge et de l'antiquité (Viollet-Leduc, article *Symétrie*, tome VIII, *Dict. d'architecture*). La façade du temple de Dougga a exactement : 35 coudées de hauteur à partir du sol et 29 de large à l'aplomb des doucines du fronton. C'est ce qui m'a porté à croire que cette mesure dont on s'est servi pour le mausolée, était restée en usage en Afrique et je l'ai vérifié sur ce temple.

2. Vitr., lib. III cap. I : « Namque non potest aedes ulla sine *symmetria* atque proportione rationem habere compositionis nisi uti ad hominis bene figurati membrorum habuerit exactam rationem. » J'ai déjà fait un travail analogue sur le mausolée punique (voir *supra*).

3. Lib. III, cap. III, § 6.

(si on prend les diamètres supérieurs comme unité, ils en ont 3) et sont égaux tous les trois [1]. « Si le temple doit être tétrastyle on divise la dimension transversale de l'espace qu'il doit occuper en onze parties et demie, non comprises les s aillies du soubassement et des bases des colonnes. » Nous retrouvons ici cette proportion exacte, cette division I/11,5 sera le module.

Plus loin nous retrouvons la prescription ci-dessus pour l'entre-colonnement ; nous avons remarqué que contrairement aux prescriptions de Vitruve les trois entre-colonnements de la façade sont égaux. — « La hauteur des colonnes sera de 8 modules 1/2 », ce qui se vérifie avec le diamètre inférieur, et pour le fût ; nous trouvons de même, entre la *cella* et le portique antérieur, l'espace vide formé par la suppression du deuxième rang des colonnes dans les temples périptères, dont le pseudo-périptère n'est pour ainsi dire qu'une contraction.

§ 11 [2]. — « Les colonnes d'angles doivent être faites plus fortes de 1/15 du diamètre parce que, se détachant sur le ciel (pour le spectateur placé près du temple et en face) elles paraissent plus grêles qu'elles ne sont réellement. C'est le renflement appelé par les Grecs ἔντασις, renflement qui est ajouté au milieu du fût de la colonne ». Ceci se vérifie, à Dougga, non seulement sur les colonnes d'angle, mais encore sur les deux colonnes latérales qui, se détachant aussi sur le ciel, étaient amaigries par le rayonnement, aussi ont-elles le renflement comme les colonnes d'angle. On s'explique facilement cette règle basée sur une observation fort juste : qu'on regarde, se détachant sur le ciel, un barreau vertical dans une fenêtre un peu haute, ce barreau paraîtra aminci ; en le renflant proportionnellement à l'amincissement apparent constaté ne lui rendra-t-on pas l'aspect qu'il devrait avoir ? C'est ainsi que dit très judicieusement Vitruve . « il faut corriger l'erreur involontaire des yeux en tenant compte de sa valeur ».

« Pour les faces latérales on prendra deux fois le nombre des entre-colonnements de face. » — Ma restitution prouve que cette proportion se retrouve sur le temple de Dougga, si on suppose des pilastres le long de la *cella* (fig. 118) [3].

« Les degrés en façade doivent être en nombre impair, de façon à ce qu'en montant au temple, ce soit le pied droit qui soit posé sur pre-

[1]. Lib. III, cap. iii, § 7.

[2]. Si les colonnes ont de 15 à 20 pieds. Les colonnes seront diminuées sous l'astragale de un septième, c'est-à-dire que si le diamètre est inférieur à 7, l'inférieur aura 6, ce qui se vérifie ici à Dougga.

[3]. Lib. III, cap. iv, § 2.

mier degré et le premier posé sur le dernier; l'épaisseur des degrés doit
varier entre 10/12 et 9/12. » — Ici en adoptant la division duodécimale
pour la 1/2 coudée, et en prenant 9/12 pour la hauteur des degrés je
trouve exactement neuf degrés. — Pour le tracé du fronton il a été
obtenu par un tracé dérivé à la fois du triangle égyptien et du tracé
connu dont il est une vérification curieuse [1].

« Les corniches qui sont sur le tympan du fronton doivent être
égales à celles du bas, sauf la doucine, et sur ces corniches rampantes
les doucines rampantes, que les Grecs appellent επωτίδας. doivent être
de 1/8 plus hautes que celles de la corniche horizontale. » — Ici à
Dougga c'est à peu près 2/8.

§ 14. Nombre des cannelures 24.

« Le chapiteau corinthien aura pour hauteur toute l'épaisseur du
haut de la colonne; lorsqu'on ajoute 2 parties (2/12) du diamètre à
cette mesure pour la hauteur du chapiteau, l'aspect acquiert de l'é-
légance [2]. » — C'est exact ici.

« La hauteur du chapiteau avec l'abaque égale le diamètre du
bas de la colonne » et « la largeur de l'abaque d'un angle à l'autre
est égale à la longueur des diagonales du carré construit sur la hauteur du chapiteau comme côté. » — Nous vérifions ici ces deux principes. « Les faces de l'abaque seront tracées en arrière du plan des
angles, de façon que la flèche de l'arc décrit soit égale au 1/9 de la
largeur. » — Ici c'est un peu plus du 1/9.

« L'épaisseur de l'abaque est la septième partie du chapiteau. » —
Ce qui se vérifie à Dougga.

« L'épaisseur de l'abaque enlevée, on divise le reste en trois parties
égales l'une pour la hauteur de la feuille du bas (c'est exact), la seconde donne, etc. . (les autres mesures ne coïncident plus)....., les
petites volutes sont placées de chaque côté de l'axe et surmontées des
fleurons sculptés dans toute l'épaisseur de celui-ci. » — Nous les retrouvons ici.

« La longueur de l'édifice se détermine de façon que la largeur
soit la moitié de la longueur et que la *cella* soit d'un quart plus longue
que la largeur (en y comprenant l'épaisseur du mur dans lequel est
pratiquée la porte) de façon que la *cella* ait 5 parties et les trois
autres soient données au *pronaos*. (Ce qui est juste ici, mais non
compris le mur de la *cella*) Les antes ou pilastres auront mêmes diamètres que les colonnes. Si le temple a plus de 20 pieds de large, deux

1. Lib. III, cap v, 12
2. Lib. IV, cap. 1.

colonnes seront interposées entre les antes ou pilastres, afin d'élargir l'espace du *pronaos* [1]. » — Ce qui se vérifie ici.

Contrairement à la prescription de Vitruve qui dit d'orienter les temples vers l'est [2], celui de Dougga est orienté vers le sud.

La porte qui est encore intacte peut être étudiée au point de vue de sa conformité avec le texte de Vitruve [3] :

« Le haut de la corniche qui est posée sur le retour supérieur du chambranle (le linteau) doit être de niveau avec la ligne supérieure des chapiteaux des colonnes du *pronaos*. » — Cette proportion est inférieure dans le temple de Dougga.

« Que l'ouverture de l'hypœthre [4] (c'est cette arcade ouverte au-dessus du linteau dans les temples de Sbeïtla et de Medeina et par laquelle le temple s'éclairait autant que par la porte ouverte) soit ainsi fixée : que la hauteur de l'édifice depuis le sol du pavement jusqu'aux caissons du plafond soit divisée en trois parties et demie et que deux de ces parties soient données à l'ouverture de la porte ». Cette hauteur sera divisée en 12 parties dont 5 1/2 pour la largeur du bas de l'ouverture ; si l'ouverture a 16 pieds de haut, la partie supérieure sera rétrécie du 1/3 du chambranle (voir plus bas), etc... pour les portes qui auront plus de 30 pieds les lignes sont verticales et la porte a 12/12 de haut et de large : — un peu plus de 6/12 (hauteur 7 pieds 10/12 : largeur 7 pieds 6/12). Le diamètre de l'hypœthre serait de 5/12 1/2, c'est-à-dire à peu près une partie de la division de la hauteur en 3 1/2.

« Ces chambranles auront pour largeur 1/12 de l'ouverture » (il faut entendre comme chambranle la partie lisse seulement sans les moulures), cela est juste pour Dougga ; la première moulure, talon, à partir du champ lisse a bien 1/6 du chambranle et sa saillie est à peu près celle indiquée par Vitruve. — « On doit sculpter [6] une cimaise lesbienne

1. Lib. IV, cap. IV.
2. Lib. IV, cap. V, § 1,
3. Lib. IV, cap. VI, des portes.
4. L'hypèthre aurait ici une demi-partie.
5. Lib. IV, cap. VI, § 2.
6. Résumons les autres données numériques du temple de Dougga :
La hauteur du soubassement est égale à la moitié de l'entre-colonnement de face.
La hauteur de l'architrave = 1/7 de la distance de l'axe du temple à l'axe de la colonne extrême de la façade.
La hauteur de la frise = 1/15 de la distance des angles extrêmes de la doucine du fronton.
La hauteur de la porte = 5/8 et celle du tympan du fronton 1/8 de la hauteur totale depuis le sol jusqu'au faîte.
La hauteur de l'entablement (sans la doucine), chapiteau compris avec

(ou talon) avec une astragale (qui fera la deuxième moulure du chambranle), sur la cimaise qui se trouve sur la partie supérieure (c'est-à-
dire le linteau). On placera l'*hyperthyrum* (la corniche de couronnement de la porte) de l'épaisseur du linteau (ici à cause du renforcement
du linteau par la hauteur que lui donnent les crossettes, cette proportion est plus faible) ; on y sculptera une cimaise dorique (cavet), un
astragale lesbien, une doucine gravée. » — Ici l'*hyperthyrum* se compose d'un cavet, d'un rang de denticules, d'oves et d'une doucine entre
deux listels. « La saillie de la corniche sera égale à l'épaisseur du
linteau (du chambranle dans l'hypothèse des portes sans crossettes,
comme indique le texte de Vitruve). » — Ici elle est un peu plus faible
que la largeur du chambranle (du moins comme nous l'avons restituée
d'après le fragment existant dont le haut de la doucine manque). « A
droite et à gauche les saillies doivent être telles qu'elles se raccordent
à onglet avec celle de la corniche. » — Ce qui est juste. — Nous
sommes donc en présence d'une porte dorique, suivant Vitruve, sauf
quelques petites différences et la présence des crossettes.

On voit, par cette comparaison entre le temple de Dougga et le
texte (certainement incomplet) de Vitruve, que cet édifice contient
l'application d'une grande partie des théories des architectes grecs de
l'époque d'Alexandrie. On sait que, de même qu'après la brillante
époque de création qui se développa en Grèce pendant le ve siècle
et le commencement du ive, les rhéteurs rédigèrent les règles de la
composition littéraire et théâtrale, de même les architectes qui sui-
virent les maîtres élégants de l'école attique et les maîtres ingénieux
de l'école ionique, codifièrent les règles de proportions déduites des
œuvres de ceux qui les avaient précédés et que ces règles formèrent
en quelque sorte le « Vignole » de cette époque et des époques suivantes.

On a reconnu depuis longtemps, d'après les écrits de Vitruve et
surtout d'après les monuments de la Grèce et de l'Asie Mineure étudiés avec une précision pour ainsi dire mathématique (Lesueur, *Théorie de l'architecture*, *passim* ; Aurès, ingénieur en chef des ponts et
chaussées, Académie de Nimes, 1890, etc.) les proportions numériques
qui ont présidé à l'exécution des monuments antiques. Ces proportions

le listel et l'astragale = 1/4 de la largeur totale entre les doucines extrêmes.
La largeur de la *cella* (pilastres non compris) est un peu plus grande que trois
fois l'ouverture de la porte.

Le centre de l'arc de tête de la niche demi circulaire = 7/10 de la hauteur de
la colonne (base et chapiteau compris).

numériques[1] ont naturellement été observées d'une façon plus minutieuse aux époques archaïques, alors qu'on attribuait aux combinaisons numériques une sorte de vertu magique; plus tard ces relations numériques, perdant de leur caractère mystérieux n'ont plus dû être que des guides, une sorte de *canon* servant à dresser un avant-projet avec une certaine rapidité. Dès lors, il semble que de même qu'au moyen âge (Viollet Leduc, *ouvr. cit.*) les tracés géométriques ont suivi les tracés résultant de combinaisons numériques, les anciens auront, par une marche analogue, passé des nombres[2] aux figures, et qu'ils auront adopté ces tracés pour trouver les grandes lignes d'un édifice projeté. Ces tracés doivent se retrouver surtout aux époques où les constructions se développant sur toute l'étendue de l'empire romain, il fallait pouvoir créer très rapidement des méthodes de travail faciles à appliquer. Or de toutes ces méthodes celle qui dérive des propriétés géométriques des figures et en particulier des triangles est celle avec laquelle les constructeurs se familiarisent le plus vite[3].

L'époque des Antonins fut, comme celle qui suivit les conquêtes d'Alexandre, une de ces époques de prospérité pendant les constructions nombreuses s'élevèrent sur tous les points d'un vaste empire sous l'influence d'un ensemble d'idées artistiques déjà codifiées.

Il serait curieux de donner, par l'examen du temple, une preuve de l'application de ces tracés géométriques, auxquels une allusion existe dans Vitruve; ce sont ces *geometricae rationes*[4], dont il parle sans en exposer ce détail.

Partant des idées que m'avaient suggérées les théories exposées sur ce sujet par les auteurs que je viens de citer, j'ai été tenté d'essayer

1. A l'époque de la Renaissance, on semble être revenu à ce respect des nombres et à cette croyance à leur puissance. Barbaro, dans sa traduction de Vitruve, en expose une théorie qui lui est particulière. Nous trouvons jusque dans Rabelais, et à chaque instant, ce culte du nombre qui y est exprimé avec une persistance extraordinaire.

2. Viollet-Leduc, tome VIII, p 512, nombre sept générateur des dimensions de l'église de Saint-Yved de Braine.

3 On le voit dans un autre ordre d'idées de nos jours par les applications si fécondes de la graphostatique à l'art des constructions.

4. Ces tracés ont été de tout temps appliqués dans l'art de la construction dans la Perse antique (Dieulafoy, *Art antique de la Perse*). Ils l'ont été dans les édifices du Haouran (De Vogué et Duthoit) : il serait intéressant d'en vérifier l'application dans les édifices égyptiens, grecs et romains. On les a retrouvés dans les tracés des églises romanes (Saint Sernin de Toulouse, Viollet-Leduc ; église d'Orcival par Bruyere, etc...), des églises du XIIIe siecle, Notre-Dame de Paris et d'Amiens, Sainte-Chapelle, etc. — On les a appliqués aussi quelquefois à l'époque de la Renaissance (Philibert de l'Orme, liv. VIII, chap. I, II, III, IV).

sur le temple de Dougga l'examen des propriétés du triangle du Pythagore dont j'ai parlé plus haut et dont Vitruve dit, qu'en outre des
propriétés remarquables de cette figure pour la construction des équerres
et la détermination d'une pente convenable pour les escaliers (limite
supérieure de la pente commode à franchir), « cette proportion est
utile dans beaucoup de cas, et pour la conception des édifices et pour
les mesures ».

Ce triangle a été employé dans les anciens tracés des constructions
persanes; il l'a été depuis dans les constructions du Haoûran ; une
preuve de la continuité de la tradition orientale sur ce point, transmise
par l'Orient après les premières croisades à nos premiers architectes
du moyen âge, c'est l'emploi de ce triangle comme base de leurs premiers canevas géométriques (Notre-Dame de Paris par exemple).

Si l'on examine la figure ci-jointe (fig. 119), on remarque que la
ligne C parallèle a AB, hypoténuse du triangle de Pythagore, issue de
l'axe de la colonne de gauche dans la partie inférieure de la plinthe,
coupe l'axe de la colonne extrème de droite àune hauteur correspondant au niveau du sommet du fronton; les lignes issues de B et parallèles à AB E et F coupent III en différents points qui donnent la hauteur de l'architrave de la frise et d'une partie de la corniche. Le
sommet de celle-ci est donné par la ligne G issue de l'axe de I au
milieu de la hauteur du fût.

Les hauteurs de la colonne, de l'entablement et du chapiteau étant
données par les nombres cités plus haut, le triangle construit avec
les parallèles à BA et BC, et dont le sommet pose dans l'axe de la
partie inférieure du chapiteau donne la limite des branches de l'abaque sur la partie antérieure. Les lignes de la corniche de la porte sont
inclinées suivant cette pente, la ligne G issue du milieu de l'abaque
de II donne la hauteur de la corniche sous le tympan du fronton.

Les lignes issues de l'axe II de hauteur rencontrent l'axe de la colonne I en un point II qui fixe par une seconde ligne anharmonique
à celle-ci IV, coupe l'axe vertical de la façade en un point II_3 qui
donne la hauteur du fronton. Je ne développerai pas plus longuement
les autres points de ce tracé que les dispositions de la figure montrent
clairement.

Nous n'avons pas la prétention de vouloir prouver que toutes les
mesures et proportions du temple aient été déterminées exactement
soit par des tracés, soit par des relations numériques exactes. Mais
nous pensons que ces dernières ont servi à établir le canevas général
sur lequel on a tracé ensuite les dimensions définitives du temple.

Ces méthodes, et nous ne sommes pas le premier à soutenir cette thèse, sont évidemment impuissantes à déterminer le tracé d'un chef-d'œuvre, mais elles permettent de fixer *a priori* un aspect général sa tisfaisant dont on ne s'écartera pas beaucoup dans le tracé définitif.

Il est certain que l'enseignement de ces méthodes de tracés géné-

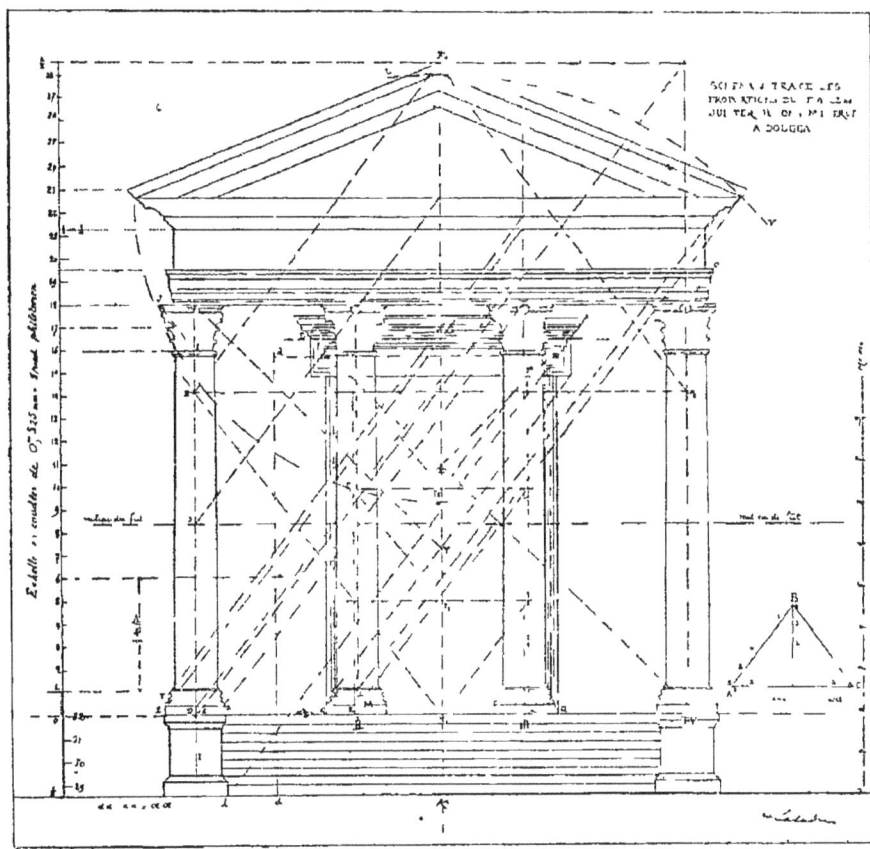

Fig. 111. — Tracé théorique des proportions du temple de Dougga.

raux s'est transmis en Europe d'une façon générale et par tradition orale dans les corps de métiers, depuis les temps les plus reculés jusqu'à la fin de la Renaissance. Ces formules géométriques composaient probablement la partie mystique de la tradition des loges maçonniques, et elles ont contribué par la généralité de leur emploi à donner l'unité de style aux productions architecturales d'une même époque. Quelques rares vestiges de ces méthodes se conservent encore soit en Perse, soit en Algérie, soit en Tunisie, en Syrie et en Égypte. Dans ces pays arabes, plus que tous les autres, pays de tradition, les ouvriers les plus primitifs tracent sans hésiter des plans ou des ornements, ou des voûtes conformes aux anciens types. En Perse, M. Dieulafoy a vu l'application de ces anciennes méthodes et en a rendu compte (*Art antique de la Perse, monuments voûtés, Revue de l'architecture et des travaux publics*, 1885). J'en ai vu moi-même l'application à Tunis et dans les villes de la côte et les oasis du Djerid, et en Syrie et en Égypte j'ai vu appliquer les anciens tracés géométriques.

Temple NE.

Ce temple ne possède plus que l'indication du *pronaos*[1] composé de deux colonnes et de deux pilastres carrés; c'était donc un temple *in antis*. Ce temple faisait partie d un ensemble assez considérable de

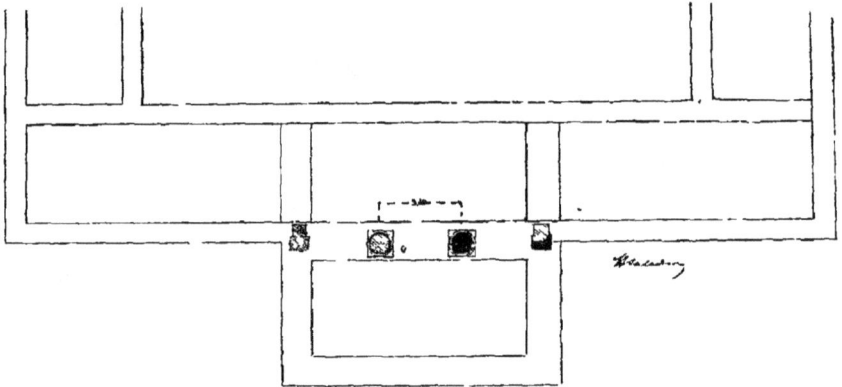

Fig. 120. — Plan du *pronaos* du temple NE.

plus de 35 mètres de large sur plus de 42 mètres de long. Les nombreux fragments épars sur l'emplacement des constructions intérieures consistent surtout en fragments d'architraves et de frises ayant appartenu à des portiques couverts par des voûtes en segment de cercle et probablement en blocage. J'ai compté dix-huit fragments d'architraves portant presque tous des inscriptions, et sensiblement disposés autour d'une cour carrée[2], quelques uns de ces fragments appartiennent à des portes[3]. Il faudrait pouvoir faire une fouille de

1. Le massif devant le *pronaos* semble avoir été précédé d'un emmarchement. Des salles latérales ou postérieures étaient probablement mises en communication les unes avec les autres par l'*atrium* central.

2. Guérin, inscr. 341.

3. Analogues à la porte de *Salah ben Lecheb*, voir plus haut.

ı mètre de profondeur à peu près sur toute cette étendue pour retrouver les dispositions intérieures de cet édifice. Les colonnes du
pronaos, non cannelées, ont de beaux chapiteaux corinthiens de
0ᵐ,90 de hauteur ; la pierre dont cet édifice est construit est analogue
à celle du temple et provient probablement des carrières situées au nord
de la ville. Les fragments d'architrave du petit ordre ont 2ᵐ,12 de long,
ce qui donne la valeur de l'entre-colonnement. Je donne ici les détails

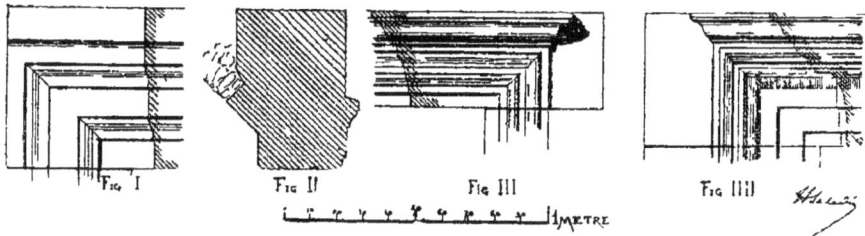

Fig. 121. — Fragments du temple NE.

des architraves, des portes et un croquis du plan (fig. 120) la coupe
des architraves (II, fig. 121) semble indiquer que les portiques étaient
couverts par un berceau très surbaissé (probablement en béton) portant sur ces architraves.

Théâtre (fig. 122 et 123).

Ce théâtre dont les gradins s'élevaient au-dessus de parties voûtées
encore debout en partie est au sud-ouest de l'édifice ci-dessus et enclavé en partie dans des maisons arabes ; l'intérieur est obstrué par des
cactus épais. Les gradins supérieurs, dont une grande partie est encore visible, avaient 0ᵐ,40 de haut sur 0ᵐ,70 de profondeur, et le *moenianum* supérieur compte onze gradins. Ce *moenianum* était par-
tagé en quatre *cunei* par trois petits escaliers (*scalae*), dont les degrés
sont taillés deux par deux dans chaque gradin, comme le montre le
croquis ci-joint. Ce *moenianum* était supporté par des chambres voûtées (voûtes dont l'axe est le prolongement du rayon du théâtre) en
blocage. La scène était décorée de douze colonnes, dont sept enterrées
en grande partie sont encore en place. Une fouille donnerait certainement lieu à la découverte du pavage de la scène et de l'orchestre.
L'ordre qui formait le portique supérieur était corinthien, les chapiteaux sont délicatement sculptés et mesurent 0ᵐ.75 de haut ; l'abaque
est orné de canaux et mesure transversalement 0ᵐ,80 ; des fragments

d'architrave cintrée en place indiquent cette disposition, à ne pas s'y méprendre. L'ordre de la scène était aussi probablement corinthien

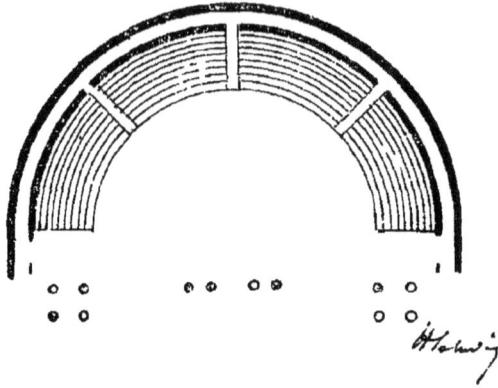

Fig. 122. — Plan du théâtre de Dougga.

comme l'indique un fragment de corniche que j'ai trouvé tout auprès. L'état de cette ruine englobée dans les constructions, enterrée dans sa plus grande partie et embarrassé de cac- tus, ne m'a pas permis d'en tracer autre chose qu'un croquis approximatif.

Fig. 123. — Détails d'un gradin du théâtre.

Du temps de Bruce, on voyait encore sor- tir de terre la plus grande partie des co- lonnes de la scène, comme le dessin qu'il fit alors l'indique (Playfair, *ouvr. cit.*).

Édifice indéterminé.

Petit temple et édifice demi-circulaire (en 7 du plan). Une cons- truction demi circulaire en blocage entourant un massif rectangulaire de 13 mètres de long sur 9 de large, presque complètement enterré, s'élève au sud-ouest du grand temple, au milieu des oliviers. Sauf l'hé- micycle, les constructions sont rasées à fleur de terre et de nombreux fragments d'architraves couverts d'inscriptions fichés en terre verti- calement indiquent un remaniement général de cet édifice à une basse époque. (En A fig. 124.)

Le motif central rectangulaire possède encore son soubassement et la corniche de celui-ci, assez bien moulurée (fig. 125) M. Des fouilles pourraient indiquer le caractère de cette partie rectangulaire.

Les inscriptions dont j'ai parlé plus haut[1] semblent indiquer que cet édifice était une fondation pieuse : on y avait attaché des jeux et

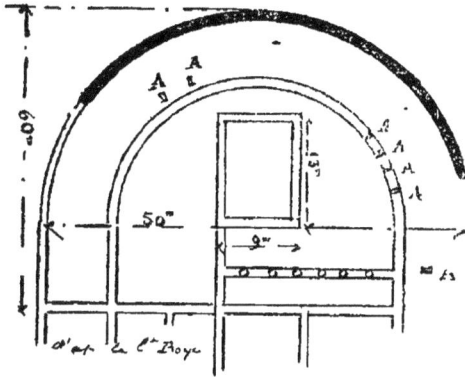

Fig. 124. — Edifice indéterminé.

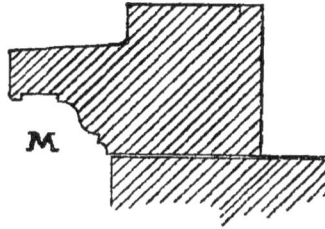

Fig. 125. — Soubassement de la partie centrale de cet édifice.

des repas; des statues y avaient été élevées Le sol actuel est à peu près à 2 mètres ou 2^m,5o du sol antique, très probablement.

Citernes, aqueducs, sources et thermes.

Un aqueduc, dont les premières traces se voient à près de 1 kilomètre à l'ouest de Dougga, y conduisait les eaux abondantes; quelques arcades appareillées avec refends et bossages portent cette conduite pendant une certaine distance, le conduit devient ensuite souterrain et suit le tracé indiqué sur le plan. Des regards pratiqués de distance en distance permettaient l'inspection de cet aqueduc. Ces regards ont la forme de puits circulaires dont une longueur de 2 mètres à 2^m,5o sort de terre. Il est probable que ces regards servaient non seulement à l'entretien de l'aqueduc, mais encore à puiser de l'eau pour irriguer les jardins qui se trouvaient, comme aujourd'hui, de ce côté de la ville.

Les sources alimentées par cet aqueduc sont la source du nord et la source du sud. La source du nord est en plein air et à une centaine de mètres environ des citernes principales. L'aqueduc passe devant ces citernes et est crevé en un endroit par lequel on voit parfaitement l'eau qui coule dans le conduit antique.

1. *C. I. L.*, VIII, 15o2.

La source du nord n'est pas la seule alimentée dans cette direction et derrière la porte Bab er-Roumia, une source sort de terre au-dessus des citernes qui sont près de Bab-er-Roumia, et au-dessous de ces citernes on l'utilise pour arroser les nombreux oliviers qui sont plantés dans ces terrains.

Enfin vers le sud du village, en contre-bas du chemin d'Aïn-Hedja, une source très abondante s'écoule dans un réservoir formé de pierres antiques. Cette source du sud est probablement alimentée par un conduit antique descendant de la source du nord. Auprès de cette source du sud se trouve un grand bâtiment antique voûté intérieurement et qui prend jour du côté de la source du sud par trois baies demi circulaires. Ce bâtiment était occupé par des Arabes et il m'a été impossible d'y pénétrer et d'y prendre des mesures. Auprès de ce bâtiment, quelques traces de murs avec voûtes, au milieu des cactus à droite et à gauche, en contre-bas de ce bâtiment, on aperçoit les restes d'un grand mur légèrement courbe au bas, quelques pans de murs et deux constructions circulaires entièrement voûtées et qui servent de moulins à huile ; elles communiquent à une chambre souterraine, mais rien n'indique qu'on puisse y voir les ruines des thermes comme on l'a supposé.

Citernes.

Les citernes n° 1 se composent de sept grands réservoirs construits en blocage enduit de ciment. Ces réservoirs ont 35 mètres de long à peu près sur près de 5 mètres de large. Les murs ont près de 1 mètre d'épaisseur et soutiennent des berceaux (comme les citernes du Kef, *Rapport*, fig. 352, p. 204). Ces berceaux sont, comme au Kef, percés de trois ouvertures sur leur longueur afin de pouvoir y puiser de l'eau. Devant ces citernes passe un caniveau qui se branchait sur l'aqueduc allant à la source du nord. On entend encore de ce côté le bruit de l'eau qui se rend par l'aqueduc souterrain à la source du nord. Actuellement ces citernes dont la partie antérieure est démolie, servent d'étable et de greniers aux habitants de Dougga.

Citernes n° 2. — Ces citernes placées près de Bab-er-Roumia, à une dizaine de mètres au plus, se composent de cinq réservoirs parallèles de 34m,30 de long ; devant ces citernes un couloir de 3m,30 servait probablement d'arrivée à l'eau. Ces cinq réservoirs occupent une longueur de 32 mètres environ ; au deuxième réservoir le mur intermédiaire recevant la retombée des voûtes est percé d'un canal voûté de 0^m,55 de large; ce canal aboutit à un autre qui lui est perpendiculaire perçant les murs par de petites portes de 1^m,3o de haut. Ces deux canaux servaient probablement à la surveillance. Les reins des

Fig. 126. — Bab-er-Roumia, plan.

voûtes sont remplis de façon à former des plans allongés rectangulaires; un mur ou parapet entourait cette partie supérieure de façon à empêcher qu'on ne pût y jeter des immondices (*Rapport*, fig. 191, p. 110). Les eaux de pluie recueillies sur cette surface supérieure se rendaient par des ouvertures dans le conduit antérieur, dans lequel elles tombaient d'assez haut.

Portes triomphales (pl. VI).

Deux de ces portes existent, l'une en ruines au sud-est du village, l'autre encore en grande partie debout, mais enterrée de près de 2^m,5o. Nous commencerons par l'étude de celle-ci que les habitants de Dougga appellent *Bab-er-Roumia*, porte de la Chrétienne. L'inscription qui la décorait a été plusieurs fois publiée[1]. Cet arc élevé à Alexandre Sévère et à Julia Mammaea date par conséquent du premier quart du IIIe siècle (de 222 à 235). Cet arc consiste en une arcade de 3^m,97 de diamètre soutenue par des pieds-droits décorés sur leurs faces antérieure et postérieure de niches peu profondes de forme rectangulaire, 2^m,225 de haut sur 1^m,062 de large; ces pieds-droits sont ornés chacun de quatre pilastres cannelés dont les cannelures sont remplies dans leur premier tiers par des baguettes demi cylindriques. Ces pi-

1. *Imp. Caes. divi Antonini magni pii filio divi Veri pii nepotis M. Aurelii Severo Alexandri pio felicis Aug. p. p. pontif. max. tribun. potest. cos. et Juliae Mammeae matri.*

Fig. 127. — Vue est de Bab-er-Roumia.

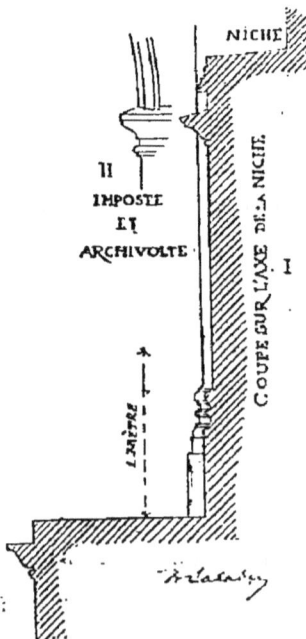

Fig. 128. — Bab-er-Roumia,
détails, état actuel.

lastres étaient précédés (face antérieure et face postérieure de l'arc) de colonnes dégagées, probablement d'ordre corinthien, ainsi que les pilastres; les chapiteaux et les architraves, ainsi que les colonnes, ont disparu; un fragment d'architrave sur la face est existe encore au-dessus de l'arc; la différence entre la hauteur de l'architrave et le sommet des claveaux de l'arc est rachetée par une assise décorée de médaillons alternativement ronds et losanges au milieu desquels sont sculptées de petites rosaces. Cette assise a 0m,52 de haut. L'ornement de l'arc, dont les voussoirs à 450° sont très longs, consiste en une petite moulure en forme de talon surmontant un très petit listel et mesurant en tout 0m,12. L'imposte de l'arc est un talon surmonté d'un listel. Au même niveau règne sous les niches une moulure composée d'un quart de rond, d'un listel, d'une doucine, d'une baguette et d'un listel.

La base des pilastres repose sur un dé dont les faces sont décorées

Fig. 129. — Élévation restituée de Bab-er-Roumia.

d'un cadre rectangulaire de $0^m,36$ de haut sur $0^m,70$ de large. Des

Fig. 130. — Caisson de Bab-er-Roumia, état actuel et restauré.

caissons de plafond qui semblent avoir appartenu à ce monument se voient à 5 ou 6 mètres à l'ouest de cette porte. Ils sont ornés d'une rosace à sept feuilles, et le soffite allant d'une colonne à l'autre était composé d'une épaisse guirlande de feuillages assez grossièrement sculptés. L'épaisseur de l'arc est de 1ᵐ,53 (sans la saillie des pilastres).

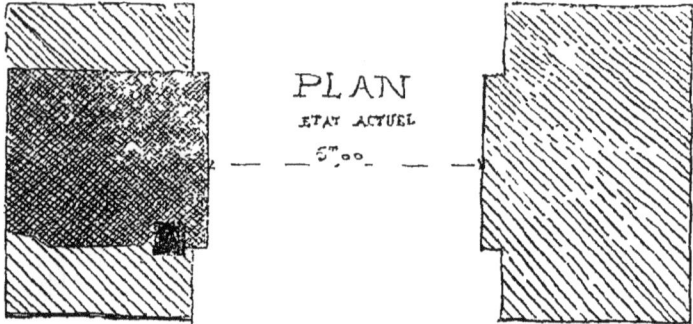

Fig. 131 — Arc sur la route d'Aïn-Hedja.

Cet ordre reposait sur un soubassement dont on voit encore la moulure supérieure au bas de la façade ouest.

Au-dessus de la corniche de l'ordre s'élevait un attique sur lequel l'inscription était gravée, probablement comme à l'arc de Dioclétien à Sbeïtla (*Rapport* p. 86, fig. 150) auquel Bab-er-Roumia ressemble en plus d'un point, ordre corinthien dégagé, formant avant-corps de

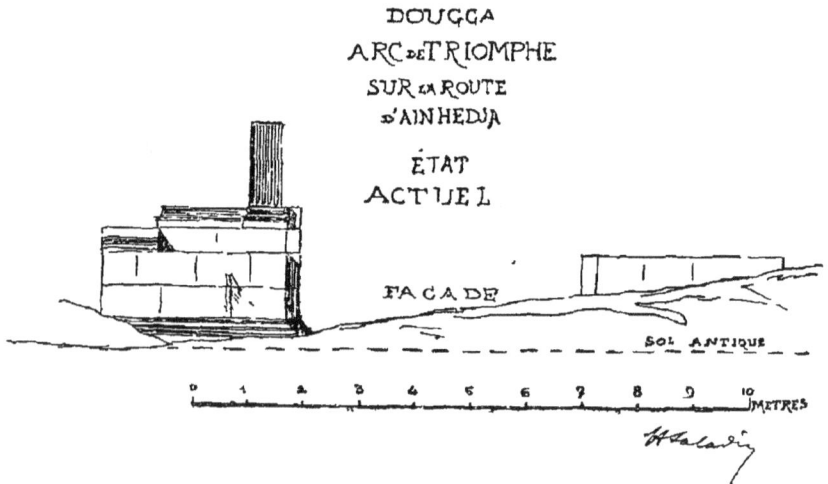

chaque côté de l'arc, petites niches rectangulaires des avant-corps, pilastres, etc. Seulement ici les pilastres se retournent sur les angles.

Cette porte, qui est actuellement enterrée de près de $2^m,5o$, était traversée par une voie allant vers l'ouest et bordée, sur une certaine longueur, de tombes et de mausolées. Ces tombes sont des cippes presque complètement enterrés. Un de ces cippes rectangulaires est au nord-ouest de la porte, entre elle et les citernes. Cette voie passait derrière l'édifice indéterminé (fig. 124) et redescendait probablement ensuite vers des ruines d'absides et de mausolées indiquées sur le plan, pour longer ensuite le sud de l'aqueduc.

La deuxième porte (fig. 131 et suiv.), complètement ruinée, sauf

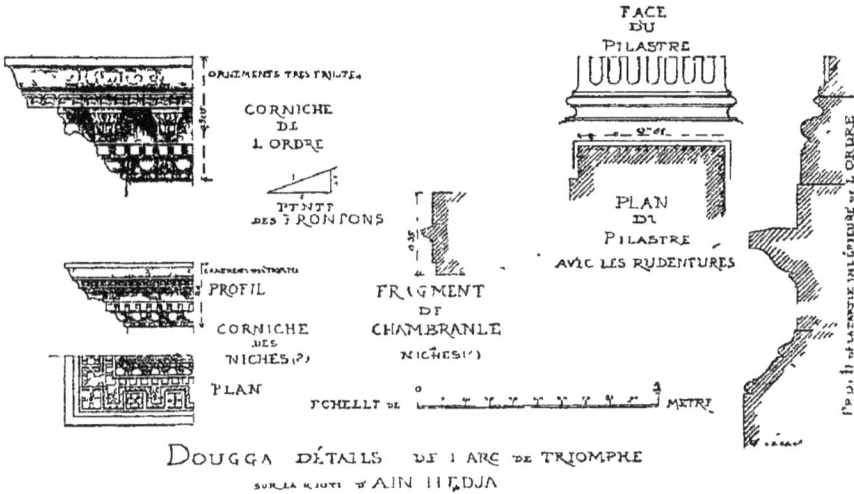

Fig. 133. — Profil des entablements et des pilastres.

dans sa partie inférieure, se trouve au nord-est du mausolée punique[1].

Cette porte avait une assez grande importance et se composait d'un arc de 5 mètres de diamètre (fig. 131), de chaque côté duquel un ordre de pilastres et de colonnes surmontant un soubassement de $2^m,10$ environ, ces dispositions se reconnaissent encore; de chaque côté de l'arc, se trouve une niche. L'entablement de cet arc était d'une grande richesse, il était d'ordre corinthien, la corniche composée d'une doucine ornée d'ornements sculptés, d'un larmier décoré de canaux, de modillons surmontés de rais de cœur et placés au-dessus de denticules Les niches étaient décorées d'un entablement très riche aussi. La grande corniche a des parties inclinées indiquant un fronton probablement sur les

1. C'est l'arc élevé en l'honneur de Dioclétien, Maximien, Auguste et Galère. V. S. Reinach, *Geogr. comparee de la province romaine d'Afrique*, 2e vol., p. 348.

avant-corps. Je donne de ce monument l'élévation et le plan actuels
et une restitution de l'élévation avec les détails des fragments.

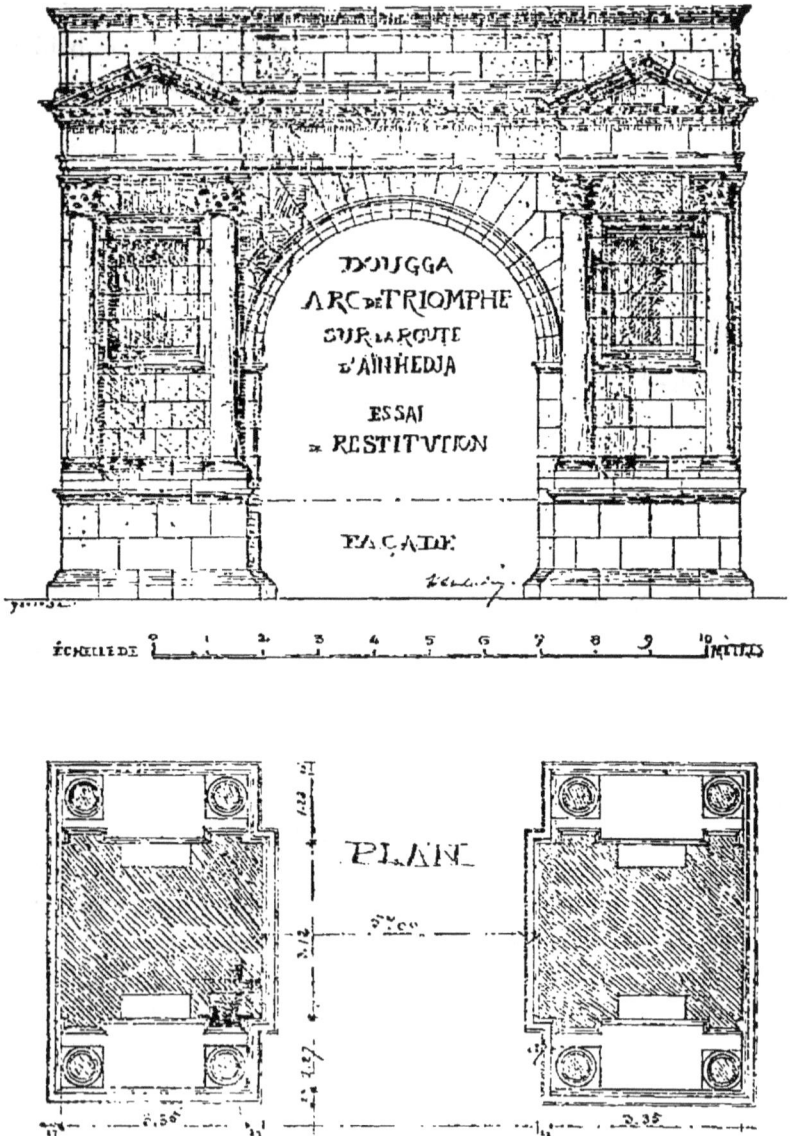

Fig. 134. — Essai de restitution de cette porte.

Par cette porte passait une route rejoignant la voie antique qui
passe à Aïn-Hedja (voie de Carthage à Theveste).

Église.

Ce petit édifice situé à l'ouest de Dougga, et un peu au-dessous de la route arabe (au sud du gymnase), se compose comme la cha-

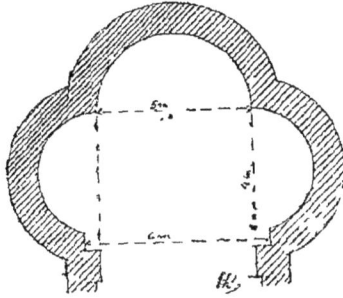

Fig. 135. — Plan. Église.

pelle de Maâtria de trois absides formant un plan trifolié ; j'en donne ici un croquis. C'est probablement une chapelle chrétienne. Même construction qu'à Maâtria.

Nécropoles.

Nous avons déjà parlé de la nécropole préhistorique, les dolmens qui sont au nord-ouest de la ville ; la nécropole punique et libyque s'étendait au sud de la ville antique, autour et au sud du mausolée punique[1]. Les nécropoles romaines étaient beaucoup plus considérables la première au sud du mausolée punique ; la seconde au sud-ouest de la ville ; la troisième à l'ouest près de Bab-er-Roumia ; la quatrième au nord-ouest.

La nécropole 1 n'est reconnaissable que par les fragments du soubassement d'un grand mausolée romain à 50 mètres au sud du mausolée punique.

La nécropole 2 au sud-ouest de la ville contenait surtout des mausolées sur plan carré, enterrés actuellement à 1m,50 à 2 mètres sous terre ; l'un d'eux[2] qui a été fouillé et bouleversé est celui auquel appar-

1. J'ai donné (fig. 67) un croquis de la partie supérieure d'une stèle très grossière que j'y ai trouvée.
2. Au sud-ouest du gymnase.

tient l'inscription rapportée par Guérin 352-353, une partie de l'inscription qui avait échappé à ce voyageur est celle-ci [1] :

IDEM FELIX CVM ESSET ANNORVM LX CORPVS SIBI A SE ROGATAE
CONIVGI INSTITVTVM DEDICAVIT INSVPER VIXIT ANNIS VI FIVNT
TOTIVS VITAE EIVS QVO ADVIXIT LXVI HIC SITVS EST IDEMQVE
ROGATA CONIVNX EIVS CVM ESSET ANNORVM XXXXVIIII HOC OPVS
CVM MELLITO MARITO SVO DEDICAVIT INSVPER VIXIT XII ANNIS
XXVIIII.....OTIVS VITAE EIVS QVO ADVIXIT AN LXXIII.

Cette inscription est gravée sur la pierre qui forme la dernière
assise du soubassement au-dessus de la moulure inférieure de ce
soubassement. Cette inscription se trouve au fond d'une cavité carrée
de 4 mètres de côté formée par le déblayement partiel du mausolée.

Plus haut, au-dessus de l'aqueduc, sur une colline que mon guide

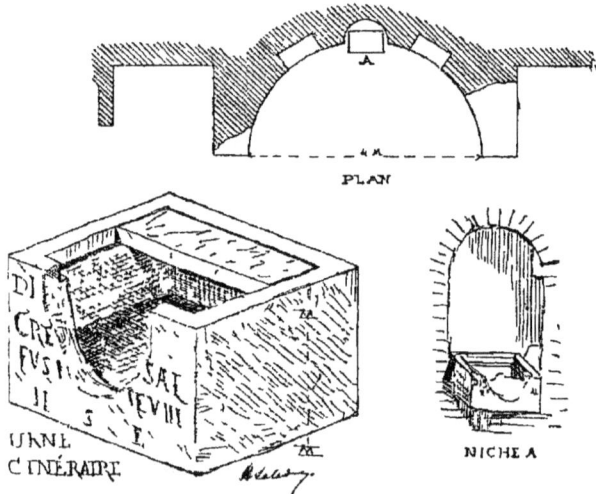

Fig. 135 — Columbarium.

appelle Beni-Serdâ, je dessine un mausolée romain ruiné, composé
(fig. 135) d'une partie circulaire de 4 mètres de diamètre accostée de deux
salles rectangulaires ruinées aussi. La particularité curieuse que présente ce petit monument en blocage est que dans la salle ronde dans

---

1. Quoique je n'aie pas copié la disposition des lignes de l'original, je cite
cependant cette inscription inédite que mon ami R. Cagnat n'a pas pu retrouver
à son dernier voyage à Dougga, peut-être est elle détruite. Elle comptait
trois lignes. Cette inscription est intéressante parce qu'elle donne, pour ainsi
dire, l'histoire de la construction de ce petit monument.

les parois de laquelle des niches étaient pratiquées la niche du milieu
contient encore une urne cinéraire encastrée dans la maçonnerie. Cette
urne cinéraire consiste en une boîte en pierre dure, décorée sur sa face

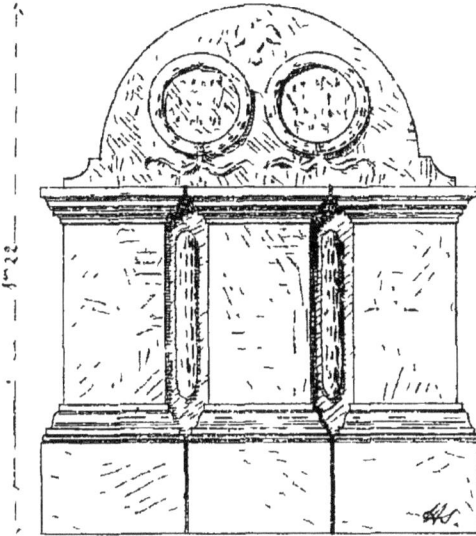

Fig. 136. — Cippe et tombe

antérieure d'une inscription mutilée ; cette urne mesurait 0m,52 de
haut et 0m,67 de large (remarquons encore
ici la persistance de cette mesure 0m,52 dans
d'Afrique, comme nous l'avons remarqué ici
pour le temple de Jupiter et déjà dans notre
précédent *Rapport* dans la comparaison des
mesures, v. *Rapport*, p. 134). Cette urne
était fermée par un couvercle s'insérant dans
une rainure en forme de feuillure.

La nécropole 3 contient, comme nous
l'avons dit, de nombreux cippes enterrés
presque complètement, à l'ouest de Bab-er-
Roumia ; un autre est entre cette porte et les
citernes, et a été déterré ; quelques-uns sont
aussi à l'est de cette porte. La nécropole 4
a été pillée en partie et on retrouve une
partie de ces tombes dans la partie nord-

Fig. 137. — Tombe avec
haut-relief.

ouest des murs refaits à l'époque byzantine, j'en donne ici des dessins.
Une de ces tombes a la forme (fig. 136) de ces cippes qu'une imitation

maladroite de l'antique a convertis si fréquemment, au commencement de ce siècle, en motifs de pendules. Elle représente trois autels en très bas-relief au-dessus desquels deux couronnes de feuillages entourent des inscriptions illisibles; au-dessus de ces couronnes et dans l'axe du

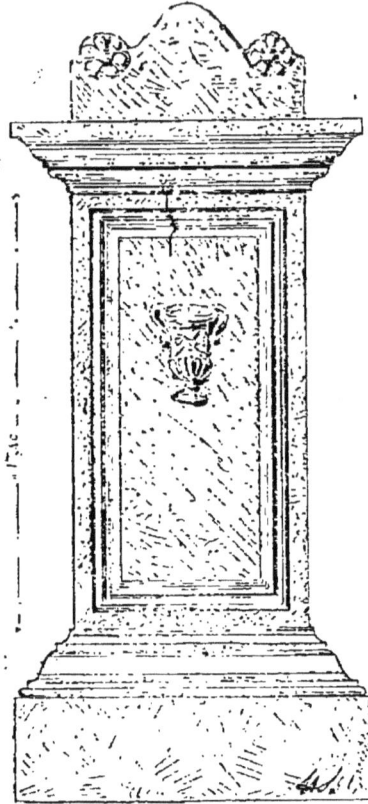

Fig. 138. — Cippe.

monument, un oiseau prend son vol. Cette tombe est encastrée dans le mur byzantin.

Près de l'angle nord-ouest, un fragment de tombe très curieux et malheureusement brisé (entre les dolmens et cet angle) nous a été signalé par M. Marius Boyé. Il se composait d'une niche décorée de deux pilastres cannelés et d'un fronton, abritant une figure debout, vêtue d'une tunique et chaussée de sandales; la partie inférieure subsiste seule, j'en donne ici un croquis (fig. 137).

A l'ouest de ce point et avant d'arriver au stade se voient des fragments de cippes, parmi lesquels j'en dessine un qui est assez bien

conservé, et sur les faces latérales duquel on a représenté un canthare assez délicatement sculpté (fig. 138).

Au delà de ces tombes, un mur assez long limitant à droite la
partie plane, au bas des premières assises rocheuses des carrières,
formait probablement un stade A chacune de ses extrémités se
voient de petites parties demi circulaires (σφενδόνη ou *funda*); ce qui
peut faire croire que cet édifice est un stade, c'est d'abord cette disposition du mur de droite, contre les carrières le long desquelles on
pouvait parfaitement s'asseoir pour voir les courses à pied ; l'aspect
des petites constructions demi circulaires et enfin la longueur entre
ces deux parties demi circulaires qui, en tenant compte de la longueur
indiquant dans l'intérieur de l'arène la distance à parcourir en ligne
droite, est à peu près égale à 185 mètres, qui est la longueur du stade
grec.

Terminons cette étude de Dougga par l'indication des époques différentes des parties de la fortification de cette ville. — Les fortifications
préhistoriques ou plutôt préromaines sont l'angle nord-ouest de l'acropole. — Les murs ouest jusqu'à la source du sud sont probablement
byzantins, ainsi que le long mur au sud-est et le réduit fortifié qui
englobe le temple et les emplacements qui l'avoisinent, et datent de
l'époque de la conquête de l'Afrique par les Byzantins[1]. Une po-
terne (en A, fig. 106) qui se trouve à 4ᵐ,45 de l'angle postérieur ouest du
temple de Jupiter présente une particularité curieuse. Elle est fermée
par un linteau soulagé par un arc légèrement ogival. Cet arc a été après
coup légèrement évidé sur ses côtés, à une profondeur de 0ᵐ,10 à 0ᵐ,15,
afin de pouvoir y incruster un tympan orné soit de sculpture soit
d'une inscription ; cet évidement a la forme demi circulaire. — De
nombreux fragments d inscriptions et des membres d'architecture
sont incrustés dans cette partie du mur byzantin.

.

AIN TUNGA (*Thignica*)

Ces ruines intéressantes ont été visitées par S. Grenville-Temple,
Pellisier, Peyssonnel, Shaw, Berbrugger, Guérin, Willmans et en
dernier lieu par le Dʳ Darré, médecin-major du 1ᵉʳ régiment de cuirassiers, qui pendant l'occupation militaire de Ain-Tounga y a copié

1. Procope. *De ædif.* l. VI. c. v.

un grand nombre d'inscriptions et les a publiées dans le *Bulletin des Antiquités africaines*, 3ᵉ année, fasc. VIII, avr. 1884, p. 136 et suiv. — Je décrirai d'abord l'aspect général d'après le plan du Dʳ Darré, puis j'en décrirai les principaux édifices successivement.

Aïn-Tounga (*Thignica*) est probablement située sur l'emplacement d'un ancien bourg punique (comme l'indique le *th*). D'après le *C.I.L.*, VIII, cap. LXIII, voici l'histoire épigraphique de Thignica :

IIᵉ siècle, *civitas Thignicensis*.

IIIᵉ et IVᵉ siècle. — (à partir de Sévère-Alexandre) : *municipium Septimium Aurelium Antoninum Alexandrianum Herculeum frugiferum Thignica*.

De nombreux édifices publics décoraient Thignica à la fin de l'Empire, car les inscriptions qu'on y a trouvées indiquent :

1º La reconstruction d'un marché [1].

2º La reconstruction des bains [2]. — Les bains étaient un *lavacrum*, c'est-à-dire des bains d'eau froide ou chaude, alimentés probablement par la source de l'Aïn-Tounga. Ce terme employé par opposition à *thermae* ou bains de vapeur ou d'air chaud, nous avait fait supposer que cet édifice, probablement intéressant, pourrait être retrouvé à Aïn-Tounga. Malheureusement, comme nous le verrons tout à l'heure, il a dû être, comme beaucoup d'autres édifices, complètement démoli pour construire la citadelle byzantine, et il est peu probable que des fouilles en fassent retrouver l'emplacement.

Deux portes monumentales : 3º l'une presque complètement démolie est devant et à droite de la citadelle, entre elle et la route ; c'était probablement un arc analogue à Bab-er-Roumia de Dougga ; 4º l'autre est un petit arc sans ornements, analogue à la porte de Haouch-Khima-mta-Darroua (*Rapport de* 1882-83, p. 136).

5º A gauche et plus haut que la citadelle, des fouilles faites par les officiers du 1ᵉʳ régiment de cuirassiers ont dégagé des bases de colonnes avec une partie du fût reposant sur un dallage, mais le peu de développement donné à ces fouilles ne permet pas de déterminer si ces portiques sont ceux d'un temple, ou d'un petit forum, ou de la cour intérieure d'un édifice quelconque ou de l'*atrium* d'une maison. C'est le temple nº 2 de Guérin.

6º Beaucoup plus haut les vestiges d'un temple dont la *cella* est indiquée par des pans de mur assez élevés (c'est le temple 1 de Guérin) ; dans les assises apparentes du massif qui formait le sol du *pro-*

---

1. Guérin, p. 1512, vol. III, nᵒˢ 379, 380, 381, 382, 383, 384.
2. *Ibid.*, 389.

naos et recevait les degrés qui se trouvaient devant est incrustée l'inscription 392 de Guérin.

7° Enfin dans la partie nord-est extrême de la ville, les traces d'une enceinte fortifiée.

8° Au sud du temple, un édifice demi circulaire dont le mur d'enceinte est encore debout. L'aire intérieure a été déblayée récemment et on y avait construit lors de l'occupation par les troupes, un bâtiment pour les officiers. Aucun reste ne permet de voir dans cette ruine celle d'un théâtre, à moins d'admettre que les gradins en étaient faits de bois; nous n'avons cependant remarqué aucune trace des dispositions par lesquelles la construction en charpente aurait été reliée à la maçonnerie. Peut-être est-ce une enceinte analogue à celle de Dougga (fig. 124).

9° Au sud-est de cet hémicyle une salle carrée accompagnée de deux hémicycles. Nous pourrions peut-être y voir une église.

10° La citadelle byzantine.

De nombreux restes de constructions voûtées et de pans de mur, et des fragments nombreux aussi de cippes funéraires de membres d'architecture, bases, colonnes, chapiteaux et corniches, et de nombreux débris de poterie.

11° Une source antique qui sort du sol probablement un peu au-dessus de la citadelle, un conduit antique l'y amenait.

12° Des statues antiques ont été trouvées à Aïn-Tounga[1]. L'une d'elles a été transportée au Kef où elle était encore lors du passage de M. Poinssot dans cette ville en 1883, c'est probablement le fragment que je mentionne dans mon *Rapport*, p. 216, ligne 22. Ce morceau a dû être transporté à Tunis, au Musée du Bardo

La seconde statue était au milieu du camp des Chasseurs à Teboursouk ; à l'époque de mon passage dans cette ville je n'ai pas pu en retrouver de trace.

Je vais reprendre la description de chacun de ces monuments dans l'ordre dans lequel j'en ai parlé.

Les inscriptions du *macellum* et du *lavacrum* sont encastrées dans les murs de la citadelle, je n'ai donc pas à chercher à en reconstituer ou l'emplacement ou l'aspect. Néanmoins un détail curieux de la citadelle nous permet d'imaginer approximativement une restitution du *lavacrum*. Dans l'angle intérieur de la citadelle formé par la tour 4 (voir plan de la citadelle) se trouve une porte π, assez élevée et qui

---

1. *Bull. des Antiquités africaines*, 3e année, t. VIII, avril 1884, page 142, note de J. Poinssot.

donnait entrée dans la tour à la fois par le bas, à l'étage inférieur et par le haut à l'étage à hauteur du chemin de ronde de la courtine. Cette porte, dont les murs latéraux sont grossièrement construits, est formée dans la partie supérieure par une arcade en bel appareil (arcade démontée dans un édifice, nous en trouverons encore un autre exemple dans cette citadelle). Cette arcade a été démontée avec soin

Fig. 139. — Citadelle d'Aïn-Tounga, porte II dans la tour II, fig 151.

pour être, de l'édifice ou elle existait, portée dans cette nouvelle place. Les voussoirs s'ajustent avec précision [1], la courbe est pleine, la clef même existe et est décorée d'un masque de femme en bas-relief, et d'un assez bon travail ; la tête est coiffée d'une sorte de perruque (comme les masques de comédie et de tragédie) dont les boucles re-

[1]. La preuve en est dans le raccord du B de l'inscription du sommier de droite. Cette tête est d'une bonne exécution et appartenait sans doute à l'édifice primitif tandis que la restauration faite à une basse epoque (caractère des lettres) n'a pas dû être traitée avec autant de soin. En L, trous des pinces qui ont servi à lever les voussoirs. En B, trous de scellement des barreaux de la grille qui fermait cette fenêtre (fig. 139).

tombent à droite et à gauche. Les sommiers de l'arc portent l'un :

à gauche	à droite
OVISIONIS	BENEFICIO
P D D	SVMTV

ces mots appartiennent à l'inscription du *lavacrum* (Berbrugger, *Revue africaine*, 1, p. 383 ; *C. I. L.*, VIII, 1500 et sqq.).

Il semble donc que l'inscription ornait toute la façade composée d'arcades soutenues par des pieds-droits, et que les lignes du commencement se lisaient sur la frise au-dessus des clefs, tandis que celles de la fin se lisaient sur les parties des tympans situés près des naissances. On voit sur ce fragment les trous ménagés pour le levage des pierres au moyen de pinces dont le serrage s'opérait par le poids même de la pierre (comme à El-Djem, *Rapport*, p. 25, l. 30 et suiv.). les trous sont contemporains de la construction de l'édifice. et non pas du transport de cet arc dans la citadelle byzantine ; ce qui le prouve, c'est, dans le fragment de droite, l'écartement ménagé entre l'E et l'F de façon à éviter le trou.

3° et 4° *Les deux arcs.* — Le premier est orné, sur son pilier nord, d'un fragment d'inscription. Malgré son état de dégradation, puisqu'il est plus qu'à moitié démoli, on peut chercher, dans la face est de la citadelle byzantine, parmi les fragments encastrés dans cette face, quels sont ceux qui ont appartenu à cet arc de triomphe, et en tenter ainsi une restitution, quoique l'indication de la corniche manque. C'était probablement un arc comme Bab-er-Roumia à Dougga, sans les colonnes dégagées. Je n'en ai pas fait de dessin, pas plus que du deuxième arc qui offre d'ailleurs peu d'intérêt si l'on ne fait pas de fouilles en ce point.

5° *Colonnes et bases.* — M. Darré, dans le travail cité plus haut, dit que « dans les fouilles faites en cet endroit, on a trouvé une couche de cendres mêlées de charbon de 0^m,10 à 0^m,15 d'épaisseur, ce qui indique la destruction de l'édifice par un incendie ». Le dallage trouvé dans ces fouilles, autour des colonnes, peut appartenir ou bien au sol d'un petit forum entourant le temple, ou bien à des galeries formées par ces colonnes et faisant partie d'un édifice qu'on n'a pu déterminer puisqu'on n'a pas fouillé la partie située de l'autre côté de ces colonnes et qui seule aurait pu déterminer la destination de cet édifice ; on a dit que la *cella* mesurait 11 mètres sur chaque face, mais ces murs ont-ils appartenu au même édifice que le portique ? Comme on n'a pas fait de fouilles suffisantes, on ne peut pas le savoir.

6° *Grand temple* (fig. 140). — Ce grand édifice offre un intérêt tout spécial par son mode de construction et l'indication de sa porte, aussi vais-je en **détailler** l'étude de façon à bien en faire sentir les particularités.

Ce temple, situé à l'est de la citadelle et un peu au sud de son axe, n'a jamais été achevé, croyons-nous, car les colonnes qui se trouvent

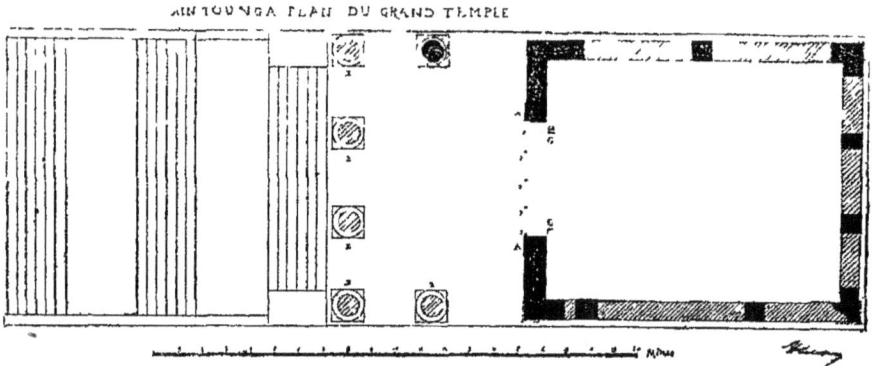

Fig. 140. — Temple à Aïn-Tounga. Plan état actuel.

à la droite du temple sont inachevées comme celles que nous avons signalées (*Rapport*, p. 85, note) près du théâtre de Sbeitla. La façon dont elles sont épannelées est assez particulière : on a d'abord dégrossi la colonne, puis par des coups d'outil donnés sur celle-ci, on a tracé (fig. 141) des indications de tranches comme si la colonne placée sur le

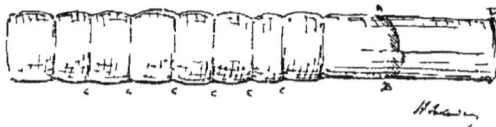

Fig. 141. — Aïn-Tounga. — Colonnes inachevées du temple

tour avait reçu des coups d'outil successifs. Ces indications déterminant le nu de la colonne, les ouvriers n'ont plus eu qu'à rabattre l'excédent de matière jusqu'à arriver à ce nu, pour déterminer le galbe définitif de la colonne.

Ce temple se compose d'une *cella* (de 12m,40 de longueur sur 10m,20 de large), formée de murs en moellons, aujourd'hui ruinés complètement, et d'un quillage en grands matériaux formant huit piles dont sept sont debout actuellement. Cette *cella* était précédée d'un portique tétrastyle (analogue à ceux des temples de Sbeïtla, *Rapport*, p. 69, pl. II, et à celui du temple de Dougga cité plus haut), précédé d'un perron ou emmarchement de 13m,40 de profondeur.

Ce temple, d'ordre corinthien, est d'une bonne époque, probablement de la même époque que ceux de Sbeitla et de Dougga (car les

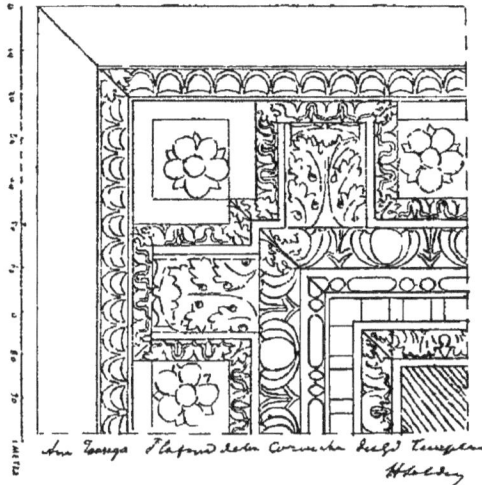

Fig. 142. — Temple d'Aïn-Tounga. Plan de la corniche.

chapiteaux sont d'une exécution parfaite) ; c'est par conséquent probablement celui auquel se rapporte l'inscription *C. I. L.*, t. VIII,

Fig. 143. — Etat actuel du temple d'Aïn-Tounga.

n° 1399 : *Mercurio Augusto sacrum. Imp. Caes. M. Aure lio Antonino Aug. Armeniaco Medico Parthico, pont. max., trib. pot. XXIII, imp. II, cos. III, p. p.* (169 de J.-C.) il est par conséquent aussi un peu postérieur au temple de Dougga.

L'ordre est d'un beau caractère; les entablements, le fronton gisent

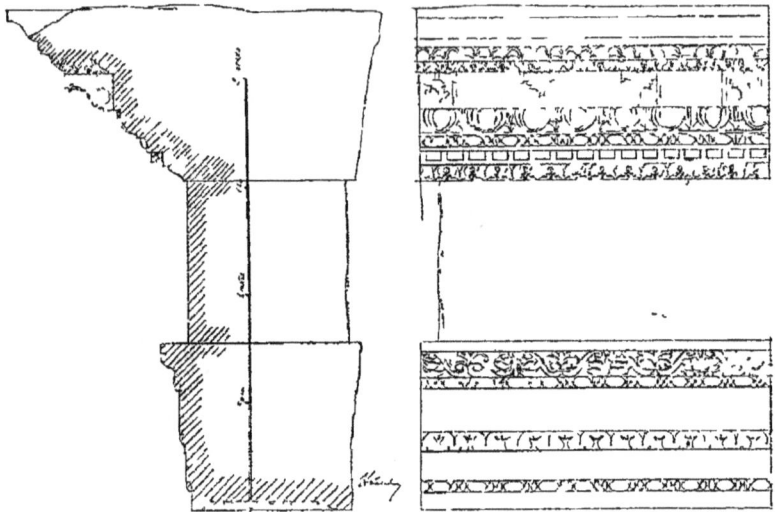

Fig. 144. — Detail de l'entablement du temple d'Ain-Tounga

à terre en morceaux épars, les corniches sont terminées mais les architraves ne le sont que plus ou moins. Sur les unes les moulures sont seulement ravalées, sur d'autres les ornements des baguettes ou

Fig. 145. — Soffite de la porte du temple.

des talons sont dessinés par un trait gravé en creux; sur d'autres l'épannelage est plus complet; sur d'autres enfin les ornements sont sculptés et complètement achevés.

Les soffites sous les architraves sont bien traités aussi. Les colonnes sont, les unes terminées, les autres dégrossies en partie par des coups d'outil espacés de 0^m,5o à 0^m,6o (comme nous l'avons dit plus haut). Les chapiteaux[1] sont d'un travail très ferme et

1. Les colonnes étaient assemblées aux chapiteaux et aux bases par des goujons en métal scellés au plomb (fig. 147).

très soigné. Les bases encore en place en partie (une seulement à gauche) sont indiquées en B (fig. 140) sur le sol du portique par un cercle légèrement en saillie sur ce sol et par quatre traits amorcés sur ce cercle et dont les prolongements donnent les axes des colonnes correspondantes. La porte, au lieu d'être formée par un chambranle continu surmonté d'une corniche, consistait en deux pilastres corinthiens, supportant des chapiteaux d'un fort beau travail, surmontés d'un soffite décoré de rinceaux enlaçant des fleurs à larges pétales (fig. 145 et 146). — La porte est indiquée sur le dallage, par un trou carré (G, fig. 140) de 0ᵐ,29 de côté, dans lequel se scellait un des gonds de bronze de la porte. — Nous remarquerons qu'ici, comme à Dougga,

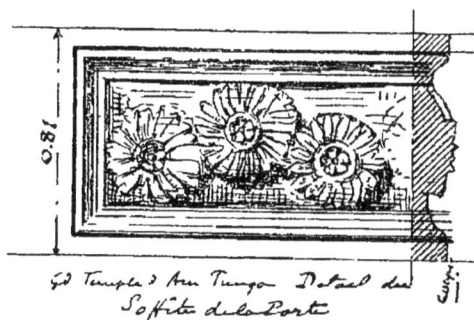

Fig. 146. — Détail du soffite.

la construction se compose d'une ossature en grands matériaux et remplissage en maçonnerie. Seulement ici, au lieu d'avoir comme à Dougga des matériaux en délit alternant avec des blocs posés sur leur lit de carrière, les piles sont maçonnées de matériaux réguliers et formaient probablement pilastres sur les faces latérales de la *cella*. Les frises comme à Dougga ont leur partie inférieure entaillée pour le montage. — La méthode de construction par ossature et remplissage a été généralement appliquée dans la Régence de Tunis à l'époque romaine ; elle l'est encore de nos jours, nous l'avons vu, à Gafsa. C'est d'ailleurs une méthode très logique, eu égard à la nature des matériaux, pierre de taille splendide et abondance de petits matériaux pourvu que les piles soient liaisonnées avec les remplissages.

Ce mode de construction qu'on attribuait généralement au Bas-Empire a été employé dans les édifices de la belle époque (M. Cagnat a cité un monument ainsi construit des premières années de l'Empire), comme nous l'avons prouvé plus haut.

Ceci nous permet d'insister sur un point important d'archéologie monumentale : On est trop porté généralement à systématiser les

méthodes de construction et à en faire un signe chronologique. Il y a
du vrai dans cette méthode, mais elle n'est applicable qu'à une région

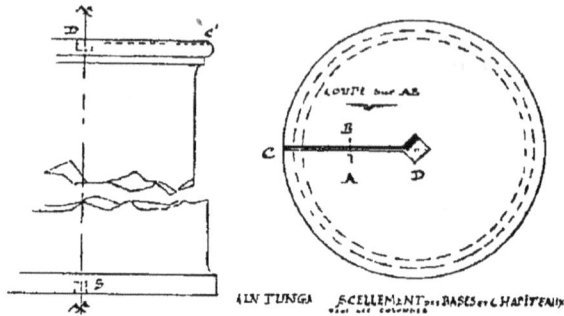

Fig. 147 — Scellement des colonnes.

limitée, région dans laquelle les conditions de constructibilité sont les
mêmes, eu égard aux matériaux naturels.

Le signe déterminant pour fixer l'âge d'une construction est avant
tout une inscription ; à défaut d'inscription, un fragment de sculpture ou d'architecture sculptée ; à défaut de cela, l'appareil, mais com-
paré aux édifices de la même région et non pas à des édifices d'une
contrée éloignée. Les erreurs commises en Tunisie au sujet de nom-

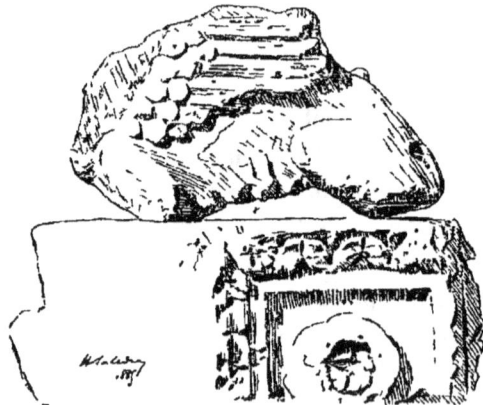

Fig. 148 — Chimère stuquée au Musée de Saint-Louis de Carthage

breux monuments, à commencer par la partie postérieure de la *cella*
du grand temple de Dougga, sont un exemple du vice de la générali-
sation de cette méthode.

Les conditions matérielles de constructibilité, c'est-à-dire les
moyens et les matériaux naturels de construction du pays, voilà les
véritables éléments constants de l'architecture de la région.

Pierre rare ou moellons (ou main-d'œuvre peu habile), emploi de briques ou de petits matériaux ou même pisé, — architecture voûtée.

Pierre abondante, grands matériaux, — architecture à plates-bandes.

Si des fouilles bien entreprises à Carthage font découvrir des monuments carthaginois, nous aurons probablement à examiner deux écoles en présence : l'école autochtone construisant en pisé[1] et en blocage avec la mollasse de la côte (cette pierre si tendre et si altérable aux vents du large que les façades des maisons de Carthage étaient peintes avec du goudron ou du bitume)[2], et l'école égyptienne

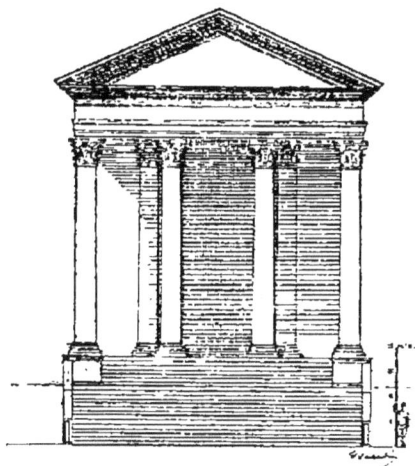

Fig. 149. Temple d'Aïn-Tounga, essai de restitution.

d'abord, puis dorienne de Sicile, employant les grands matériaux et ceux de l'intérieur, les marbres de Chemtou (comme nous l'avons prouvé plus haut) et les pierres si belles de cette formation jurassique, qui dans le massif central de la Tunisie présente une série complète des plus belles sortes de pierre à bâtir qu'on puisse voir.

La première école construisant les maisons, les édifices d'utilité publique, magasins, etc.... la seconde construisant les édifices de

---

1. Ce pisé a été employé certainement sur toute l'étendue des colonies de de Carthage et dans l'Afrique carthaginoise. car Pline (lib. XXXV, c. xiv) parle avec admiration des « murailles moulées » si solides et si résistantes que les Romains rencontrèrent en Afrique et en Espagne.

2. A Carthage, comme en Sicile, on revêtait fréquemment de stuc les sculptures en pierre tendre, autant pour en protéger la surface que pour pouvoir traiter avec finesse le modelé de l'objet. Je donne ici le croquis d'une Chimère en pierre tendre recouverte d'un stuc très fin trouvée à Carthage (fig. 148).

luxe, les temples, les mausolées, les palais, soit en style égyptien (stèles d'Hadrumète), soit en style égypto-grec (mausolée de Dougga), soit enfin en style grec pur (chapiteau composé architrave dorique frise à Chemtou, chapiteau ionique en marbre à Carthage, *Rapport*, p. 218, fig. 366). Ici, à Aïn-Tounga, comme dans toute la région que nous parcourons, jusqu'à El-Kef, la pierre est si belle et se taille si bien que partout s'élèvent des constructions où elle n'est pas ménagée. Nous avons, au contraire, vu en 1882, au sud de Kérouan, combien, dans cette contrée si pauvre en grands matériaux, mais où abondent les débris de toute sorte, on a su généraliser la construction en moellons, blocage, et même en béton, avec ou sans enduits.

Nous donnons ici avec les plans et les détails du temple d'Aïn-

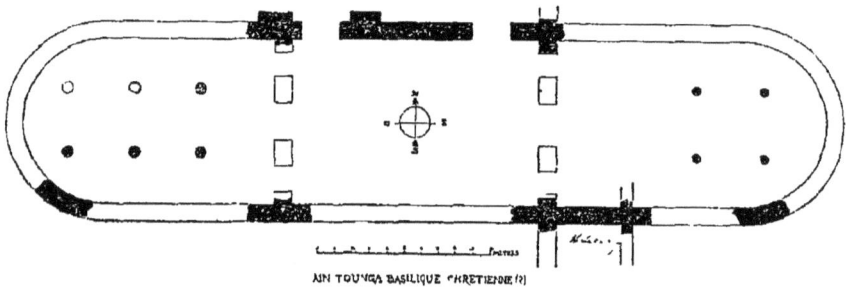

Fig 150. Aïn-Tunga, basilique chrétienne (?). Plan.

Tounga la restitution de l'ensemble d'après les parties existantes (fig. 140 à 159).

7° Enceinte fortifiée. Les vestiges sont peu considérables et n'offrent que peu d'intérêt ;

8° Salle carrée avec deux hémicycles, peut-être une église (fig. 150). — Cet édifice, situé tout à fait à l'ouest des ruines, est complètement enterré. Les colonnes qui ont $0^m,58$ de diamètre moyen nous indiquent donc une hauteur d'ordre, base, colonne, chapiteau, de $5^m,80$ à peu près ; elles sont actuellement privées de leur chapiteau et leur section supérieure, c'est-à-dire le plan de l'astragale, est à $1^m,50$ au-dessus du sol ; on voit donc que si l'on compte le chapiteau pour 1 diamètre 1/4 il restera 8 diamètres 3/4 pour la hauteur de la colonne privée de son chapiteau, mais dressée sur sa base, c'est-à-dire 8, 3/4 × 0,58 = $5^m,075$ dont nous déduirons $1^m,50$ de saillie au-dessus du sol, et nous aurons $3^m,57$ pour la distance entre le sol actuel et le sol antique.

L'édifice orienté de l'est à l'ouest dans sa grande dimension se compose d'une nef de 13m,35 de longueur sur 13m,40 de large, terminée carrément à chaque extrémité par un mur de plus de 1 mètre d'épaisseur. Ce mur est percé vers l'est d'une grande arcade dont quelques voussoirs sont encore en place. A l'est et à l'ouest se trouvent deux absides dont l'une à l'est a 15m,30 et l'autre à l'ouest a 14m,70 de long. Ces deux absides, probablement voûtées en blocage, sont ruinées presque complètement, les colonnes qui les decoraient sont debout et enterrées jusqu'à 1m,50 de leur partie supérieure. La partie de la nef comprise entre ces deux absides est percée de deux portes latérales sur la face nord, mais l'appareil de leurs faces latérales ne laisse aucun doute sur leur destination.

Nous n'avons pas besoin de dire que l'étude que nous avons pu faire de cet intéressant monument n'a pu être que très sommaire, faute de moyens pour faire un sondage, et je regrette une fois de plus que les ressources dont je dispose pour cette mission ne me permettent pas de faire sur ce point un travail plus complet. Je dois rapprocher cette église de celle de Chemtou qui a deux absides, des constructions chrétiennes de la Syrie centrale dessinées si élégamment par M. Duthoit et décrites par M. de Vogüé. Nous y retrouverons (comme à Aïn-Tounga) les entrées latérales dans les églises de Baqouza, de Kalb-Louzeh, de Tourmanin et dans la grande église de Kalaàt-es-Semàn.

Nous voyons donc, à mesure que se multiplient nos investigations en Tunisie, se confirmer la réalité de la conception que nous nous étions faite de l'évolution de l'art architectural à la fin de l'Empire romain. Au moment où le christianisme fut officiellement reconnu, les traditions d'art dans l'Empire romain s'étaient unifiées et codifiées depuis longtemps. Les mêmes exigences du nouveau culte agirent de la même façon sur les éléments essentiels des traditions architecturales, et de l'unité des programmes et de leurs exigences partout les mêmes, naquirent un certain nombre de types d'édifices qui formèrent en quelque sorte un patrimoine commun dans lequel tous les architectes chrétiens puisèrent leurs inspirations.

Aux pays pauvres en bois de construction, les voûtes en briques ou en poterie triomphèrent des autres formes. Dans les contrées aux grands matériaux, les voûtes d'appareil, les grands berceaux, ou les arcs supportant des dallages furent les éléments constitutifs de l'école si ingénieuse du Haouràn. Partout enfin où le bois existait encore en quantité suffisante, la basilique persista avec ses nefs terminées par des absides plus ou moins riches. C'est généralement le cas en Tunisie, à l'époque antérieure à la conquête musulmane. Depuis cette époque, au contraire, à la suite des invasions, la destruction des forêts (par les incendies causés soit par les guerres, soit par les Arabes pour convertir les forêts en pâturages), rendit les bois de charpente excessivement rares dans la plus grande partie de la Régence Aussi

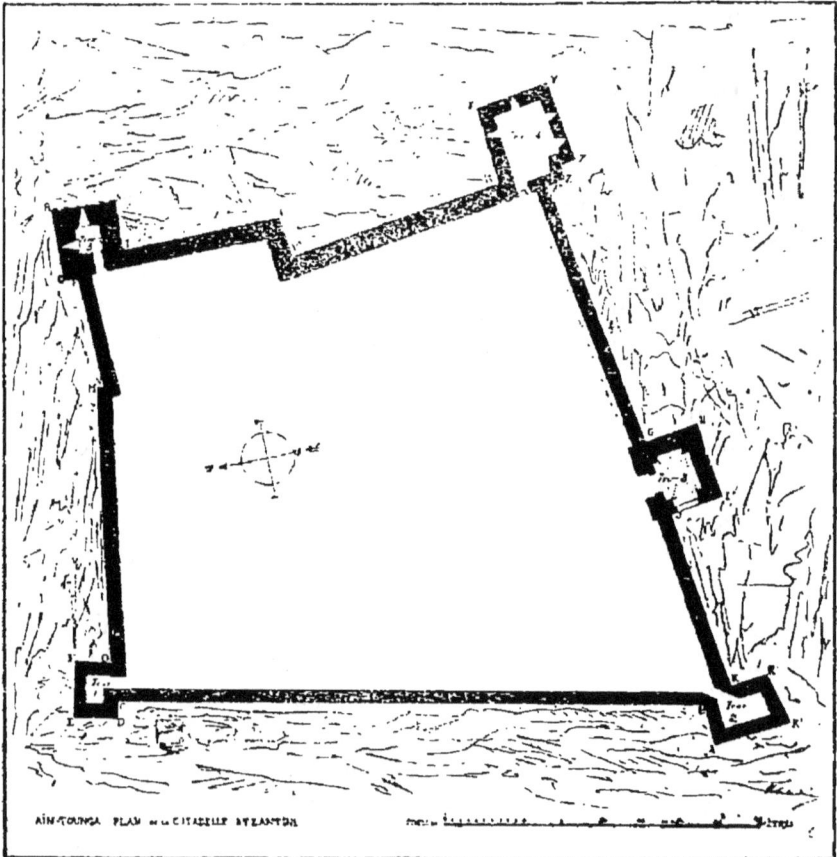

Fig. 151. — Plan de la citadelle d'Aïn-Tounga.

la construction en charpente disparut-elle, sauf dans les oasis, et ce sont les variétés de la coupole sur pendentifs et sur tambours, les voûtes d'arête, en berceau et en arc de cloître, les plafonds de petite portée reposant sur des arcs, qui ont dans cette contrée fourni aux Arabes les motifs invariables des constructions civiles ou religieuses.

9° *La citadelle byzantine*. — C'est l'édifice le plus considérable d'Aïn-Tounga. Elle a été vraisemblablement construite à la hâte, au moment de la conquête byzantine, pour défendre la route de Carthage à Théveste, à l'endroit où celle-ci traverse le massif montagneux qui sépare Testour de Teboursouk ; elle ferme, le seul passage praticable à un corps d'armée. Cette citadelle est bâtie de matériaux empruntés à la ville antique dont on a certainement détruit une partie des édifices encore debout à cette époque, afin de trouver des matériaux pour la forteresse. Les arcs démontés avec soin et remontés ici pour servir de portes à la citadelle en sont une preuve. On n'aurait pas pu, si les édifices de la ville avaient été déjà détruits, reconstituer ainsi ces arcs afin de s'en servir. C'est donc une construction d'une

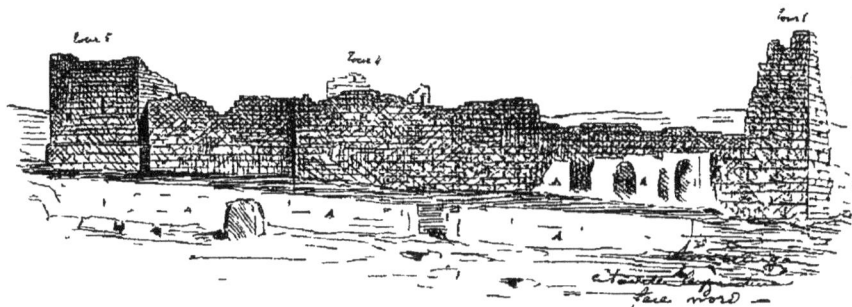

Fig. 152. — Face nord de la citadelle d'Aïn-Tounga.

fort basse époque, contemporaine probablement de la citadelle byzantine de Teboursouk, et construite avec plus de hâte encore que celle-ci. Les pierres employées ici sont fort belles, et l'on peut remarquer dans les façades de nombreux fragments d'architecture, corniches, pilastres, moulures de soubassement, etc.. Nous les mentionnerons en examinant successivement les différentes faces de la citadelle.

Les murs sont généralement doubles en épaisseur avec maçonnerie en blocage à l'intérieur, et ont de 1^m,70 à 2^m,50 d'épaisseur ; sauf en un point ils sont construits en blocs posés plus ou moins régulièrement les uns sur les autres. L'ordre dans lequel je vais examiner les différents fronts de la citadelle est celui dans lequel sont numérotées les tours. La face 1, 2, est la face ouest, tournée vers la route de Teboursouk à Testour. Cette face est presque complètement ruinée jusqu'en son milieu; la tour 1 mesure 7 mètres sur 5^m,40, extérieurement la partie droite de la courtine est encore assez élevée ; on a suivi une certaine régularité dans la disposition des assises et les différences de hauteur des blocs, quand il s'en présente, sont rachetées au moyen d'un lit de mortier. Il est probable que plusieurs des blocs

les plus longs et sur lesquels on remarque un petit trou vers le milieu de la longueur, sont des morceaux d'architrave dont ce trou est
le trou de louve. Le retour AB contient quelques fragments d'inscriptions. L'angle A est ainsi que l'angle B' dans le tour 2, construit en
pierres taillées en bossage assez régulièrement disposées. Devant ce
front, le front sud, le front nord. le front est et le front ouest, des
constructions de tout genre maintenant en ruines ont été élevées par

Fig. 153. — Porte ouest de la tour 3. citadelle d Ain-Tounga.

les troupes françaises qui ont récemment occupé Ain-Tounga. La tour
2 mesure 10^m.05 sur 6^m,90.

La face sud compte trois tours et deux courtines. La tour 2 séparée
de la tour 3 par une courtine de 23^m,50. La face IJ de la tour 3 est
percée d'une porte fort bien appareillée. Cette porte donne lieu à la
même observation que l'arc de la porte π dans la tour 4 citée plus
haut (fig. 139). C'est une porte qui appartient à un ancien édifice
d'Ain-Tounga et qui a été démontée. voussoir par voussoir, pour
être placée dans la tour 3 et servir de porte à la citadelle. Ce qui
prouve ce fait, c'est la difficulté que les constructeurs ont eue à

raccorder les assises horizontales de la tour avec les parties en tas de charge de cet arc; aussi s'est-on servi, pour ces raccords, de pierres de petite dimension disposées irrégulièrement. Ces voussoirs portent aussi sur leur face antérieure la trace des pinces qui ont servi à les lever. Sous la ligne de naissance de cet arc était une porte carrée dont l'angle droit (fig. 153) du linteau et une partie du chambranle sont encore visibles; le reste de cette face IJ est assez bien construit en grands matériaux. Cette tour 3 est ouverte sur l'intérieur de la citadelle par une porte de 3^m,20 d'ouverture, en plein cintre, et qui a aussi été démontée, puis remontée à cette place. C'est la face antérieure d'un arc qui était accosté de pilastres et faisait partie très probablement d'un arc de triomphe semblable à Bab-er-Roumia de Dougga (peut-être celui du sud-ouest de la citadelle, arc n° 1). Les pilastres n'existent que sur le premier sommier de l'arc[1].

On voit, par l'aspect de la porte extérieure, comme cette partie de la citadelle est actuellement enterrée, puisque la partie rectangulaire de cette porte est enterrée presque jusqu'au linteau. C'est l'angle H de cette tour qui aura probablement, lors du siège de la forteresse, été le point le plus fortement attaqué et battu en brèche, car tout cet angle est écroulé. On aura cherché non seulement à faire la brèche en cet endroit, mais encore à condamner par la chute des décombres provenant de brèche la seule porte par laquelle les assiégés auraient pu s'enfuir. La courtine GZ″ mesure 33 mètres et la tour 3, 7^m,10 sur 9^m,70. La tour 4 qui est avec la tour 5 la partie la mieux conservée de la forteresse mesure 10^m,60 sur 9^m,15. Cette tour est celle où se trouve la porte π. Cette porte π porte comme les arcs d'Haïdra (*Rapport*, p. 171, note 2) une saillie sous la naissance de l'arc pour appuyer le cintrage de l'arc (fig. 139). Cette tour 4 mesure 10^m,60 sur 9^m,15 et a ses faces sud, nord et est, percées : la première de cinq meurtrières ou archères, la seconde de trois archères, la troisième de deux, quelques-unes dans l'angle ZZ′. Il y a eu dans cette tour différents étages correspondant à ces archères; une partie du revêtement intérieur de cette tour est formée de remplissages tombés ou non, compris dans des harpes de pierres alternativement en délit et horizontales (comme les murs de Teboursouk). La face ZZ′Z″ de cette tour porte de plus, dans le haut, une fenêtre fermée par un arc grossièrement appareillé en segment de cercle au moyen de voussoirs rapportés (fig. 139). La face WX porte une fenêtre analogue à peu près à la même hauteur,

1. L'intérieur de cette tour était voûté en voûte d'arête dont les quatre retombées sont indiquées par des renforts angulaires.

un peu moins large et fermée par un linteau. La face ZZ' est grossièrement appareillée et construite de pierres de hauteur inégale
dont les différences sont rachetées par des joints épais en mortier
dans lesquels on a intercalé de très petits fragments de pierre. La
face YZ est assez régulièrement construite en grands matériaux.
La face est de la forteresse est complètement ruinée sauf les tours
4 et 5. Cette tour 5, moins haute que la tour 4, a conservé les
voûtes de sa partie supérieure. Cette tour était aussi divisée dans
sa hauteur en plusieurs étages; des archères y sont pratiquées, en
moins grand nombre que dans la tour 4. Les planchers reposaient
sur des saillies formées de moulures empruntées à des édifices d'é-
poque antérieure. La voûte qui existe encore est en berceau, renforcée
aux reins et construite en blocage. La base de la tour est formée par
une retraite sur laquelle on a disposé régulièrement les assises de
soubassement d'un édifice antérieur. Le reste est appareillé et construit
sans soin; de nombreux fragments d'architraves et surtout de pilastres
engagés ont servi à cette partie de la construction. Ils sont parfaitement visibles et au nombre de huit environ; la tour 5 mesure 7^m,73
sur 8^m,40. La courtine nord est brisée vers le milieu de sa longueur
et aboutit à la tour 1 (pl. VII, VIII et IX).

De nombreux fragments d'inscriptions sont, on le sait, encastrés
dans les murs de cette citadelle. Vers la face ouest, à l'intérieur, j'ai
trouvé un fragment assez grand portant en relief un médaillon décoré
de sculptures; au milieu, assez fruste était probablement un buste;
autour, un rang d'oves et ensuite un rang de rinceaux assez élégants,
mais très frustes. Le long de la face sud et à l'extérieur j'ai aussi
dessiné un chapiteau probablement d'époque byzantine. Ce chapiteau
est assez singulier : comme style de feuillages il est d'esprit assurément byzantin, mais ses proportions basses et sa masse lui donnent
un caractère tout particulier. Il a dû être épannelé au tour; il mesure 0^m,27 de diamètre, à la partie inférieure 0^m,34 de haut et 0^m,44
à la partie supérieure, on pourrait le rapprocher des chapiteaux de
Bir-Oum-Ali (*Rapport*, p. 148, fig. 263).

L'intérieur de cette citadelle complètement encombré de cactus, de
lauriers roses, de grenadiers et d'oliviers sauvages, est dans un état
de bouleversement difficile à décrire. Aussi est-il actuellement impossible de déterminer la distribution intérieure de cet édifice dont
les voûtes écroulées sont visibles surtout vers la partie ouest. Lorsqu'on arrive de Teboursouk à Aïn-Tunga, par la route, on est évidemment frappé d'étonnement à la vue de cette grande forteresse
dont la masse encore debout étincelle d'un éclat doré, aux rayons de

soleil. Mais réellement quoique au point de vue pittoresque elle offre un certain intérêt, il est néanmoins indiscutable que dans les ruines de l'antique Thignica, seuls le temple et l'église (?) présentent encore des sujets d'étude intéressants. La citadelle est beaucoup moins curieuse que la grande forteresse d'Haïdra et on ne pourrait avoir la chance d'y faire quelque découverte, que si l'on cédait les matériaux qui l'encombrent à l'un des entrepreneurs de la route, à charge par lui de déblayer l'intérieur. Ce procédé de déblaiement, que j'ai conseillé pour certains édifices d'Haïdra, ne devra être tenté que lorsqu'on se sera assuré d'une surveillance compétente et efficace pendant toute la durée du déblaiement.

En regagnant le Kef, depuis Teboursouk par Dougga, je m'arrête un instant à

SIDI-ABD-ER-REBBOU (*Musti*),

où, malgré le peu de temps dont je puis disposer, je relève complètement les vestiges d'un arc de triomphe. La vue que j'en donne montre dans quel état de ruine nous avons trouvé ce monument.

Le couronnement est tombé, mais il reste un fragment d'architrave

Fig. 154. — Arc de Sidi-Abd-er-Rebbou, état actuel.

en place, les autres éléments de restitution sont en place ou bien à terre, la restitution de l'arc est donc possible. Il consistait en un arc dont l'ouverture avait 4m,45. Les deux pieds-droits étaient décorés d'une colonne d'ordre corinthien dégagée, portant sur un piédestal de 1m,18 de haut, dont le fût était lisse, l'imposte de l'arc filait derrière la colonne; l'archivolte se composait d'un talon surmonté d'un listel et de deux faces légèrement inclinées l'une sur l'autre séparées par un talon. L'architrave assez fine se composait d'une face verticale interrompue dans son milieu par un rang de perles

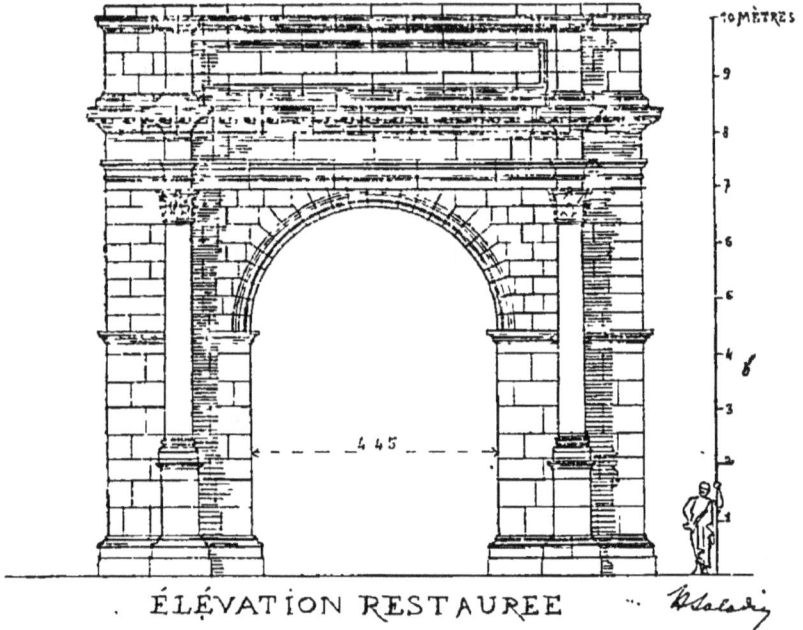

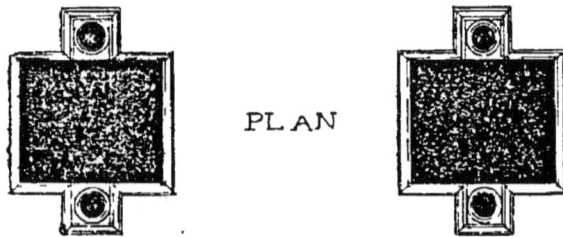

ÉLÉVATION RESTAUREE

PLAN

ARC DE GORDIEN III
À SIDI ABD-ER-REBBOU (MUSTI)

Fig. 155. — Arc de Gordien à Sidi-Abd-er-Rebbou, plan et restauration.

et de pirouettes surmontées d'un talon et d'un listel. La corniche avec denticules, doucine, oves et modillons surmontés d'une légère moulure. Les deux faces de l'arc sont symétriques. Il est probable qu'une attique recevant l'inscription surmontait cet arc. C'est l'arc de Gordien que décrit M. Guérin et dont J. Poinssot (*Bull. des Antiquités africaines*, t. III, fasc. XII, an. I, juillet 1885, p. 105) a publié une vue très exacte en phototypie. Cet arc a ceci de fort intéressant qu'il est le premier de ce type que je rencontre en Tunisie [1] ; il était d'ailleurs, comme on peut s'en rendre compte sur le dessin ci-joint, assez élégant de forme (tous les éléments de la restitution sont certains, sauf la dimension de l'attique). Les autres que j'ai décrits déjà possédaient deux colonnes dégagées de chaque côté de l'arche centrale, celui-ci n'en possède qu'une.

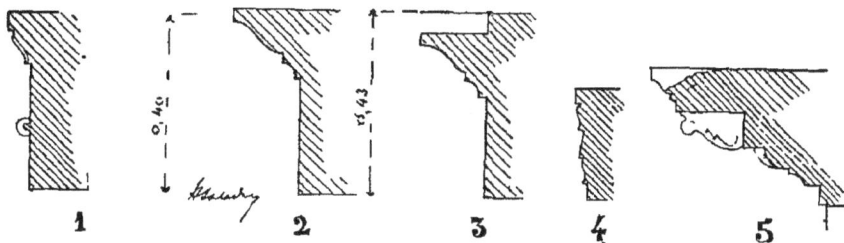

Fig. 156. — Détails de l'arc de Gordien à Sidi-Abd-er-Rebbon.
1, architrave. 2, imposte. 3, piédestal. 4, archivolte à corniche.

BORDJ-MESSAOUDI (*Thacia*).

Ces ruines ont été décrites dans le *Bulletin des Antiquités africaines* qui (t. III, p. 107 et pl. XIII) a donné le dessin de divers fragments qui y ont été trouvés et qui sont au Musée du Kef, et dont j'avais cité certains morceaux dans mon premier rapport (*Rapport*, p. 211 et suivantes). Dans un autre numéro du *Bulletin des Antiquités africaines* (t. III, 1885, pl. XVII *bis*, p 175), M. Poinssot a donné une vue très exacte du mausolée de Cornelius Rufus dont je donne ici une monographie complète; quoique ce petit monument soit en assez mauvais état de conservation il offre néanmoins un grand intérêt à cause des dispositions particulières qu'il a conservées. Les Arabes l'appellent actuellement *Hanout el-Hadjem* (boutique du barbier), il a la forme carrée et présente, vu de Bordj-Messaoudi, deux arcades à angle droit l'une sur l'autre soutenant une voûte d'arête.

1. L'arc de Zanfour est construit sur ce type (Poinssot, *Bulletin des Antiquités africaines*), mais avec pilastres derrière les colonnes. — En Algérie, l'arc de Dana est identiquement semblable à celui de Musti. L'arc que j'ai dessiné à Médeina en 1883 (*Rapport*, fig 310) peut aussi en être rapproché.

Au nord, le mur extérieur subsiste encore, comme le montre le dessin ci-joint (fig. 157 et fig. 158).

Ce monument consiste donc en une salle carrée, couverte en voûte d'arête et entourée de murs en pierre de taille formant chemise de

Fig. 157. — Mausolée de Bordj-Messaoudi, face antérieure, sur la route.

0ᵐ,50 d'épaisseur de façon à donner à cet étage inférieur l'aspect d'un cube. La face nord de cette sorte d'enveloppe cubique porte sous la corniche A un long cartouche terminé à ses extrémités en queue d'aronde et portant cette inscription (fig. 158) :

D · M · S
⊗ M ⊗ CORNELIVS RVFVS VIXIT AN ⊗ LV ⊗ E

Cette face porte sur un soubassement formé d'un listel et d'une doucine renversée.

Au-dessus de cette partie carrée, s'élevait, sur la voûte d'arête elle-

Fig. 158. — Mausolée de Bordj-Messaoudi, face postérieure.

même, une partie cylindrique dont un huitième est indiqué par le huitième du soubassement de cette partie cylindrique en C (plan, fig. 159).

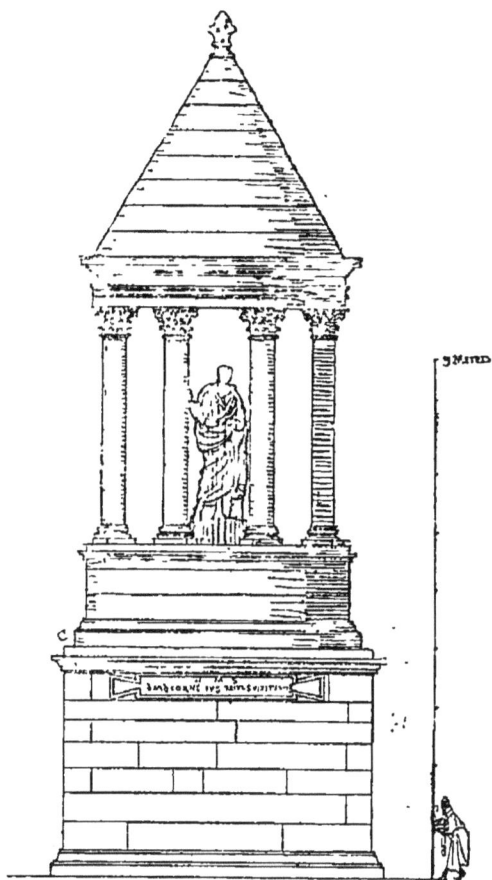

ESSAI DE RESTITUTION

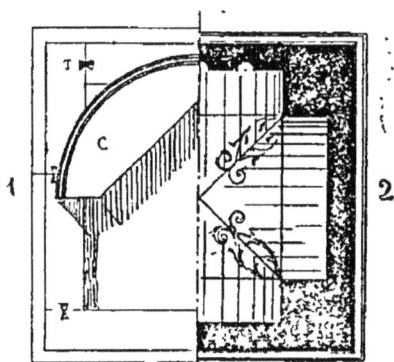

PLAN

Fig. 159. — Mausolée de Bordj-Messaoudi, plan et essai de restitution.

Cette partie cylindrique portait-elle un cône, ou servait-elle de socle à un groupe ou à une statue, protégés par une colonnade comme au célèbre mausolée de Saint-Remi ? Rien ne l'indique et même aucun des rares fragments placés autour de ce mausolée ne peut le faire pressentir.

Trois niches ou *columbaria* sont pratiquées dans la paroi nord, la seule intacte. La voûte d'arête, dont la clef est légèrement surhaussée, a ses arcs de tète en pierre de taille ainsi que ses pieds-droits. Le reste est en blocage enduit, et sur l'enduit probablement autrefois peint, se voient de curieuses arabesques figurant des feuillages modelés en stuc et ornant les deux côtés de chaque arête de la voûte. C'est le

Fig. 162. — Fragments d'architecture provenant de Bordj-Messaoudi. Actuellement au Bardo.

premier mausolée de ce genre que je rencontre dans la Régence.

Je donne ici le plan intérieur et le plan supérieur du mausolée, une vue perspective vers le sud, une vers le nord et une élévation restaurée. Ce monument est exécuté avec soin et en beaux matériaux; l'inscription est bien traitée et tout porte à croire qu'il date de la fin de l'époque des Antonins.

Bordj-Messaoudi est une sorte de caravansérail ou de fondouk (auberge) qui se trouve à une petite distance au sud de l'emplacement de l'antique Thacia dont les ruines couvrent la colline Dj. Djouaouda. Les restes de Thacia consistent en pans de murs, blocages, voûtes écroulées dont je n'ai pas eu le temps d'étudier les détails. Bordj-Messaoudi près duquel nous avions pu dresser notre tente a été occupé pendant quelque temps par une garnison française. Les officiers de la petite garnison y ont fait pratiquer quelques fouilles auprès du bordj même ; on y a découvert (cf. Poinssot, *loc. cit.*) des mosaïques très belles, paraît-il, qui ont été enlevées ou détruites. Combien n'avons-nous pas déploré le nombre incalculable de monuments précieux perdus depuis l'occupation par les fouilles mêmes qui les avaient découverts, perdus faute de ressources suffisantes pour les démonter et les envoyer à Tunis ou à Paris, et aussi par le manque d'habileté spéciale de la part de ceux qui les découvraient ; encore si l'on en avait conservé le souvenir soit par des photographies, soit par des dessins ! Il aurait été si simple, lors des découvertes faites par les officiers, de les faire constater par un agent spécial, puis de les faire acquérir et d'en assurer la conservation.

Les fouilles y ont fait découvrir aussi plusieurs fragments intéressants dont les plus beaux sont au Musée du Bardo (fig. 162). Je les ai rapprochées (*Bull. des Antiquités africaines*, t. III, p. 107) de fragments que j'ai trouvés à Feriana et à Haouch-Khima-mta-Darrouïa (v. *Rapport*). D'autres fragments avaient été disposés dans le jardin de l'infirmerie ; ils ont été depuis transportés au Musée du Bardo. Ce sont des bas-reliefs funéraires que je vais décrire ici[1].

Le premier, partie supérieure d'une stèle funéraire, représente probablement une scène de sacrifice, une figure revêtue d'une tunique, tient sa main gauche sur un autel sur lequel elle maintient l'objet du sacrifice. Deux figures, l'une à sa droite, l'autre à sa gauche, portent des corbeilles, dans lesquelles sont les offrandes ; la scène est surmontée par deux serpents qui semblent s'échapper de deux arbres grossièrement figurés. Au-dessous de cette scène, une corbeille contenant des pains, une coupe et d'autres offrandes et de chaque côté un animal, on pourrait voir dans celui de gauche, d'après l'allure générale de l'ensemble, un bélier ou plutôt un mouton, dans celui de droite on a représenté, à ne pas s'y méprendre, un porc. La tête surtout est très reconnaissable. Ce monument est excessivement fruste et d'un travail très barbare. Les figures, une fois dessinées

1. Je dois la communication de ces documents à l'obligeance de M. S. Reinach qui en a fait des photographies, lors de son voyage dans cette région en 1884, en compagnie de M. Cagnat.

et légèrement modelées par un trait gravé sur la pierre, ont été réservées sur le fond général qu'on a abaissé d'un centimètre et demi, à peu près. Je ne serais pas éloigné de voir dans cette œuvre barbare, non pas un travail romain, mais un travail punique de l'époque romaine, le costume des figures qui sont certainement des figures de femmes n'est pas un costume romain, la tunique qui y est représentée ressemble, au contraire, d'une façon frappante, au costume actuel des femmes bédouines qui n'est, à peu de chose près, que la *palla* ou le *péplos* grec. L'autel figuré grossièrement est un de ces autels sur plan triangulaire, appuyé sur trois pieds bas (sphinx ou pieds à griffes) dont les musées conservent de si jolis spécimens de l'époque romaine.

Le second, partie supérieure d'une cippe funéraire, pilier carré en forme d'autel, surmonté de deux rosaces entre lesquels un fronton triangulaire était décoré d'une petite figure ailée tenant de la main droite un canthare renversé ; de la main gauche, elle tenait un autre objet indéterminé. Au-dessous de la corniche formée de deux moulures, une niche demi circulaire contie t les deux bustes des défunts dont les têtes ont été mutilées. Ces deux figures (celle de gauche féminine, celle de droite virile) sont vêtues de larges draperies et ont une main relevée. Dans la partie du nu du cippe laissée libre entre la partie circulaire de la niche et la corniche sont représentés en bas-reliefs d'une délicatesse vraiment exquise, à droite, le soleil[1] représenté par une tête de profil sortant d'un croissant à peine indiqué, à gauche la lune profil à gauche, au centre une étoile à huit branches devant laquelle s'envole un génie tenant un flambeau à la main.

D'autres fragments enfin de style très barbare représentant des animaux et des chasses (?) des fragments d'architecture et des débris de bases et de chapiteaux.

KHANGUET-EL-KHÉDIME (fig. 161 et 162).

A peu près à moitié chemin de Bordj-Messaoudi et du Kef, bien avant d'arriver au pont romain, les travaux faits par les entrepreneurs de la route pour trouver des matériaux dans un monticule de débris antiques qu'ils ont complètement démoli ont fait dégager les

---

1. Peut-être pourrait-on rapprocher ces représentations sidérales de celles qui sont figurées sur les bas-reliefs mithriaques.

ruines d'un monument antique ruiné assez considérable, si l'on en juge d'après ce que disent les témoins de la découverte. Ce mausolée était en pierres de taille, le centre en blocage. Deux statues l'ornaient; ces statues décapitées à l'époque de la destruction du monument, étaient relativement bien conservées, elles ont été mutilées tant au moment de leur découverte que depuis ce temps. Ces statues sont en marbre blanc et d'une exécution aussi soignée que celle des statues que je vais décrire au Kef. L'une représentait un guerrier revêtu d'une cuirasse décorée de griffons, avec les bandelettes tombant sur les cuisses, le torse mutilé subsiste seul (rapprocher ce torse de celui que nous avons décrit à Monastir, *Rapport*, p. 5, fig. 4) ; une jambe appartenant probablement à cette statue est près de la deuxième qui est une statue de femme vêtue d'une longue tunique dont les plis serrés et traités avec une grande sûreté de ciseau l'enveloppent jusqu'aux pieds ; la partie supérieure de la main gauche est encore visible. Comment se fait-il que ces statues découvertes plus de six mois avant mon passage n'aient pas été préservées des mutilations qu'elles ont subies, comment n'a-t-on pas pu les faire

Fig. 161. — Fragment de statue d'empereur.

Fig. 162 — Fragment de statue d'impératrice.

transporter par exemple au Kef, par les soins de l'entrepreneur qui fait la route et qui avait tous les moyens d'en effectuer le transport s'il en avait reçu l'ordre de Tunis [1] ? L'administration des travaux publics aurait même pu, si on n'avait pas voulu ef-

1. Ces statues ont été depuis 1885 transportées au Musée du Bardo.

fectuer ce transport, faire abriter ces fragments intéressants dans
la cantine qui sert aux ouvriers de la route et qui se trouve tout auprès. Ces précautions si simples auraient suffi pour préserver d'une
destruction presque totale ces deux fort belles sculptures.

EL-KEF

Avant de décrire les belles statues trouvées près de l'emplacement
des thermes (voy. *Rapport*, p. 204, fig. 354) et les têtes provenant

Fig. 163. — Vue de la première travée de la nef de Dar-el-Kous, au Kef.

de fouilles faites au Kef et appartenant à M. Roy, je vais présenter
ici un plan restitué de la grande église du Kef (Dar-el-Kous), d'après
la disposition des voûtes du narthex et de la nef, voûtes dont les

sommiers existent encore. Je donne ici un croquis perspectif des voûtes V (*Rapport*, p. 206, fig. 358) et de leurs sommiers. On voit par ce croquis (fig. 163) que les voûtes d'arête en pierre de taille étaient parfaitement connues à l'époque chrétienne et par conséquent à l'époque romaine (les exemples en sont, à ma connaissance, très rares) et ces voûtes prouvent, une assez grande connaissance de la stéréotomie, tandis que les linteaux des portes faits d'architraves et de frises antiques prouvent de même que les ornements sculptés sur le linteau de la porte latérale (*Rapport*, fig. 359), une grande pauvreté d'imagi-

Fig. 164. — Porte de Dar-el-Kous, au Kef

nation en fait de décoration architecturale. Il est très probable qu'on aura employé dans la construction de cette église des colonnes, des bases et des chapiteaux empruntés à des monuments antiques. Je donne l'état actuel de la façade d'après une photographie de J. Poinssot.

L'état actuel du plan (*Rapport*, fig. 358) permet de restituer facilement les portiques formant les nefs latérales, les colonnes de l'abside et de l'arc triomphal sont toutes indiquées et le transept l'est aussi par les portes latérales (fig. 163, 164, 165 et 166).

Il est très probable que les tympans A des arcs ont été décorés de sculptures rapportées (analogues à celles de l'église de Kasrin) et que ces sculptures auront été détruites à l'époque de la conquête arabe. Les fouilles qu'on a faites à Dar-el-Kous, au moment de l'occupation française, n'ont pas donné le résultat qu'on était en droit d'attendre.

Peut-être doit-on attribuer cet insuccès à la méthode incertaine avec laquelle ces fouilles ont été exécutées. Il serait intéressant de déblayer cette église, lorsque la population chrétienne du Kef sera assez considérable pour que l'établissement d'une église paroissiale soit nécessaire ;

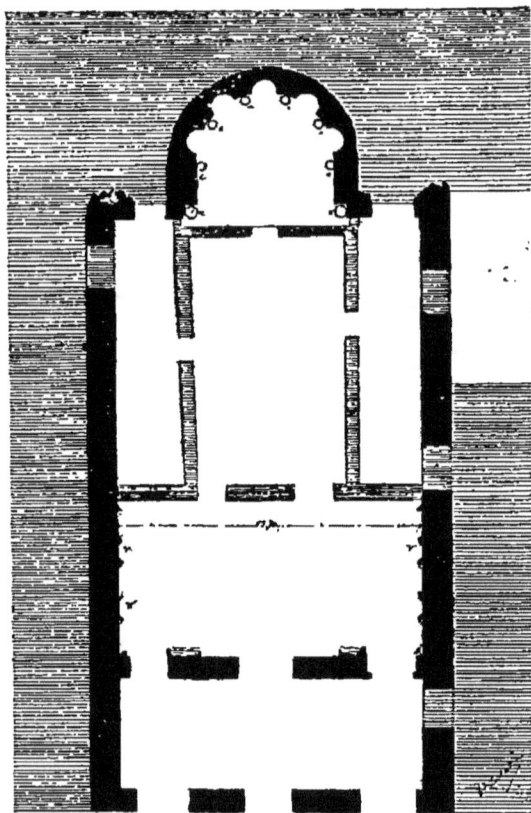

Fig. 165. — Plan de Dar-el-Kous, au Kef; état actuel.

on pourrait alors la restaurer et la rendre au culte: nul doute que cette opération intéressante au point de vue archéologique ne soit plus économique que la construction d'une église neuve, car les colonnes des nefs sont tombées à terre et doivent être enfouies sous le sol actuel [1].

1. J'ai restitué la forme des points d'appui par analogie avec ceux de la basilique déblayée à Médinet-el-Khedime par le commandant Pedoya (*Bull. archéologique*, 1885, n° 1). Ce parti s'accorde avec les dimensions que donnent les mesures des retombées des voûtes.

Fragments trouvés près des thermes[1] (pl. X). — Ces fragments très remarquables sont d'abord ceux d'une grande statue féminine (fig. 1

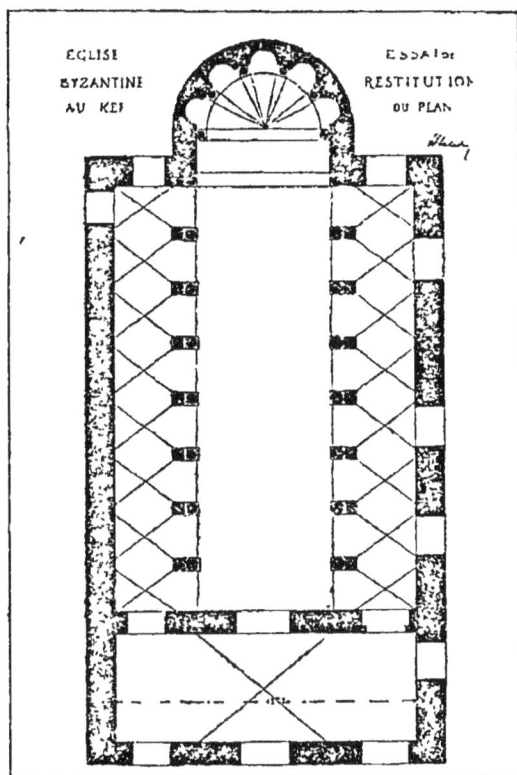

Fig. 166. — Kef. Dar-el-Kous. essai de restitution du plan.

et 2, n°s 1 et 2). Cette statue. dont le torse, le bas des hanches et une

Fig. 167. — Soffite d'une architrave au Kef.

jambe ont été découverts, représentait probablement Rome divinisée.

1. Je dois les photographies de tous ces morceaux intéressants à l'obligeance de M. J. Poinssot qui a bien voulu m'autoriser à les publier.

Debout, revêtue d'un manteau retenu sur l'épaule par une agrafe circulaire, les jambes découvertes au genou par la tunique courte et les pieds chaussés de brodequins en peau[1] de panthère (dont une patte et le mufle sont visibles), et une jambe appuyée (la droite) contre un tronc d'arbre, Rome est représentée avec une grande noblesse d'attitude, la beauté des plis, le soin et la largeur avec laquelle la poitrine et toutes les draperies de l'épaule ont traitées, la fermeté et la sûreté du modelé des jambes et les détails délicats de la chaussure et des pieds (l'un d'eux est dans la collection de M. Roy), font de cette statue une œuvre remarquable[2]. Le marbre blanc très fin dans lequel elle est sculptée n'a pas souffert de son séjour dans la terre. Malheureusement ce beau morceau de sculpture a été mutilé, probablement au moment de la destruction de tous les simulacres des dieux au commencement de l'époque chrétienne. La tête manque. La partie qui comprend l'épaule droite et les draperies qui s'y rattachaient était un morceau rapporté et dont le joint était habilement dissimulé par les draperies qui, à cet endroit, sont dirigées parallèlement au joint (les deux parties étaient jointes par un tenon dont l'encastrement est visible). Le corps a été brisé en deux au moyen d'un coin en fer qu'on y a enfoncé à coups de masse, l'énorme brisure au bas du torse porte le caractère de cette opération.

On a trouvé dans les mêmes fouilles deux statues de magistrats revêtus de la toge. L'une de ces statues est presque intacte, sauf la tête qui manque. Le travail n'en est pas très remarquable, il est un peu sec. L'autre, beaucoup plus belle (n° 3, fig. 2, pl. X), a sa partie inférieure brisée, la toge est rendue avec une ampleur et une souplesse remarquables. C'est peut-être à cette statue qu'appartient la tête imberbe de la collection de M. Roy (pl. X).

On a trouvé au même endroit la partie supérieure d'une stèle votive à Diane et à Mercure. Ce morceau d'un travail intéressant est mutilé, on ne remarque plus que le caducée de Mercure, la tête de Mercure a été brisée; celle de Diane a sa partie supérieure conservée, avec le croissant lunaire dans la chevelure. — Ce morceau est sculpté dans la pierre dure (fig. 6, pl. X).

Collection de M. Roy. — (Fragments de statues en marbre blanc). Tête n° 4[3] (fig. 5, pl. X), tête imberbe, probablement de la statue de magistrat (fig. 2, n° 3, pl. X). Cette tête est absolument romaine comme

1. Ces brodequins lacés laissent le bout du pied à découvert, c'est une variante du *calceus patricius*.
2. Probablement de l'époque de Trajan ou même antérieure.
3. Malheureusement les nez de toutes ces têtes ont été brisés.

caractère, les yeux largement ouverts, un peu à fleur de tête, le front bas, uni, les cheveux plutôt plats régulièrement plantés, l'oreille un peu grande, la bouche fine et les lèvres assez minces. La statue à laquelle appartenait cette tête était bien probablement placée dans une niche car les cheveux sont traités avec moins de soin sur les côtés et derrière la tête qu'ils ne le sont par devant. Cette tête est d'ailleurs fort belle.

La seconde tête est très remarquable (fig. 5, n° 6, pl. X), par le caractere très accusé de personnalité qu'on y remarque ; c'est non pas, comme le n° 1, une tête de facture dont le caractère se rencontre à peu près semblable sur toutes les statues semblables de la même époque. Celle-ci a une physionomie très accentuée, le front plutôt haut est ombragé par une épaisse chevelure très touffue, la partie inférieure du front est énergiquement modelée, les arcades sourcilières très marquées portent ombre sur les yeux qui ne sont pas très grands et assez écartés l'un de l'autre. Les sourcils ne sont pas très saillants, mais un double pl. caractéristique se remarque à la base du front à la naissance du nez. La barbe courte et frisée est abondante, la moustache qui recouvrait la lèvre supérieure a été brisée en partie, mais la lèvre inférieure, bordée et assez forte, est intacte ; les pommettes ne sont pas très fortement accusées, quoique la figure soit plutôt maigre, le cou très bien modelé est un peu grêle. Cet ensemble porte au plus haut degré un caractère très particulier d'énergie et de force et nous rappelle au plus haut point ces têtes d'Arabes blonds que nous avons vus à Dougga ; c'est un type berbère, à coup sûr, de ces nombreux types montagnards blonds ou presque blonds qu'on rencontre déjà à Teboursouk. Je donne ces deux têtes en héliogravure sur la même planche, de façon à ce qu'on puisse faire la comparaison de ces deux types si différents, le Romain et l'Africain, contemporains à coup sûr et aussi différents l'un de l'autre que le sont encore actuellement dans la Régence, le type italien et le type du montagnard berbère.

La jolie tête de marbre blanc (fig. 5, n° 5) appartient à une statuette de Junon. Elle est très gracieuse de sentiment, quoique peut-être d'un faire un peu banal.

Fig. 3. Un des pieds de la statue de Rome.

Je quitte ensuite le Kef pour prendre à Souk-el-Arba la ligne ferrée qui me conduit à Tunis où je ne fais qu'un séjour de très courte durée pour remercier les différentes autorités françaises ou indigènes de l'appui qu'elles m'ont donné dans le cours de cette rapide exploration dont je mets aujourd'hui les résultats sous les yeux de Votre Excellence.

TABLE DES MATIÈRES

ANGERS, IMP. A. BURDIN ET Cᵢᵉ, RUE GARNIER, 4

CHEMTOU. — PANORAMA DU PONT DE TRAJAN

p. — *Chaussée.*
s. — *Culée du pont.*
c, d, e, f, f'. — *Piles.*

b'. — *Tablier du pont.*
h. — *Lahnna à amont.*
g. — *Quai des Chambes.*

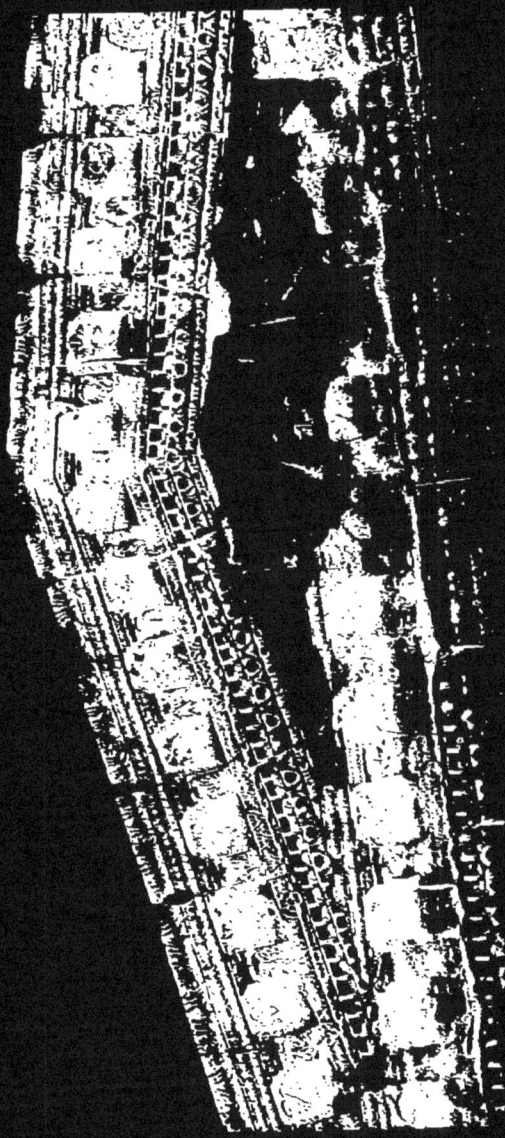

FRONTON DU TEMPLE DE JUPITER JUNON ET MINERVE A DOUGA. DETAIL.

SOCIÉTÉ ARCHIVES DES MISSIONS, TOME III, 1865. PL. II

CIPPE NÉO-PUNIQUE.   MAISON DE SALAH BEN LECHER, À DOUGGA.

TEMPLE DE JUPITER JUNON ET DE MINERVE, A DOUGGA. FAÇADE PRINCIPALE ÉTAT ACTUEL.

Sol du Temple

Sol Extérieur

DOUGGA. -- TEMPLE DE JUPITER JUNON ET MINERVE, COUPE TRANSVERSALE (GÉOMÉTRAL).

DOUGGA. — BAB. ROUMIA, FACE EST.

AÏN-TOUNGA. CITADELLE BYZANTINE, FACE EST.

AÏN-TOUNGA. CITADELLE BYZANTINE, FACE SUD.

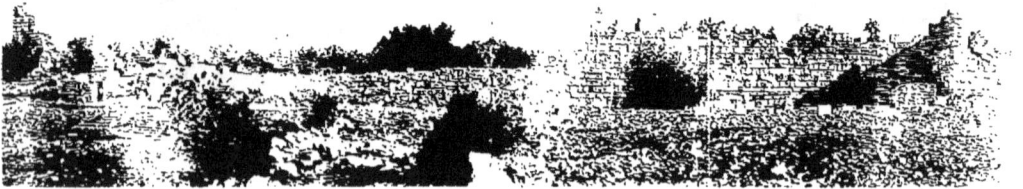

AÏN-TOUNGA. CITADELLE BYZANTINE, FACE OUEST.

Fig. 1

Fig. 2

Fig. 3.

Fig. 4

Fig. 5

Fig. 6

FRAGMENTS DE SCULPTURE ANTIQUE DU REF

D'après des photographies de J. Chausser

www.ingramcontent.com/pod-product-compliance
Lightning Source LLC
Chambersburg PA
CBHW070635100426
42744CB00006B/684